Zur indischen Sekte der Jainas

Georg Bühler und James Burgess

Writat

Diese Ausgabe erschien im Jahr 2023

ISBN: 9789359258034

Herausgegeben von
Writat
E-Mail: info@writat.com

VORWORT.

„*Über die Indische Secte der Jaina*" des verstorbenen Dr. Georg Bühler , gelesen auf der Jubiläumssitzung der Kaiserlichen Akademie der Wissenschaften zu Wien am 26. Mai 1887, ist in der separaten Form seit einiger Zeit vergriffen. Sein Wert als prägnanter Bericht über die Śrâvaka-Sekte durch einen mit ihnen und ihrer religiösen Literatur vertrauten Gelehrten ist europäischen Gelehrten wohlbekannt; aber für fast alle gebildeten Eingeborenen Indiens sind Werke, die auf Deutsch und anderen kontinentalen Sprachen veröffentlicht wurden, praktisch versiegelte Bücher, und daher werden die frischen Informationen, die sie durchaus beisteuern können, nicht hervorgerufen. Es besteht die Hoffnung, dass die Übersetzung dieses kleinen Werks auf ihre Akzeptanz und die der Europäer in Indien und anderswo stößt, denen das Original entweder unbekannt ist oder die eine Fremdsprache nicht so leicht lesbar finden wie ihre eigene.

Die Übersetzung wurde unter meiner Aufsicht und mit einigen kurzen Fußnoten erstellt. Professor Bühlers lange Notiz über die Authentizität der Jaina-Tradition habe ich in einen Anhang (S. 48) übertragen und darin eine Zusammenfassung dessen eingefügt, was er später zum Beweis seiner These erweitert hat.

Zu Colebrookes Bericht über die Tirtham [postvokalischen] Karas, die von den Jainas verehrt werden, ist seit seiner Veröffentlichung im neunten Band der *Asiatic Researches nur wenig hinzugefügt worden* ; und da diese das Zentrum ihrer Verehrung sind, immer in ihren Tempeln vertreten und von begleitenden Figuren umgeben, habe ich es gewagt, einen etwas ausführlicheren Bericht über sie und eine Zusammenfassung der allgemeinen Mythologie der Sekte hinzuzufügen, die nützlich sein könnte an den Archäologen und den Studenten ihrer Ikonographie.

Edinburgh, April 1903. **J. BURGESS** .

Die indische Sekte der Jainas.

Die *Jaina*- Sekte ist eine religiöse Gesellschaft des modernen Indiens, die im Widerspruch zum Brahmanismus steht und zweifellos Anspruch auf das Interesse aller Freunde der indischen Geschichte hat. Diese Behauptung beruht zum Teil auf den Besonderheiten ihrer Lehren und Bräuche, die einige Ähnlichkeiten mit denen des Buddhismus aufweisen, vor allem aber auf der Tatsache, dass dieser in derselben Zeit wie dieser gegründet wurde.

Größere und kleinere Gemeinschaften von *Jainas* oder *Arhata* – das sind Anhänger des Propheten, der allgemein einfach Jina – „der Eroberer der Welt" – oder *Arhat* – „der Heilige" genannt wird – sind in fast jeder wichtigen indischen Stadt zu finden, insbesondere in der Kaufmannsschicht. In einigen Provinzen des Westens und Nordwestens, in Gujarât, Râjputâna und im Panjâb, sowie auch in den dravidischen Bezirken im Süden – insbesondere in Kanara – sind sie zahlreich; und aufgrund des Einflusses ihres Reichtums nehmen sie einen herausragenden Platz ein. Sie stellen jedoch keine kompakte Masse dar, sondern sind in zwei rivalisierende Zweige unterteilt – Digâmbara *und* Śvetâmbara [1] –, von denen jeder in mehrere Unterabteilungen unterteilt ist. Die Digâmbara, das heißt „diejenigen, deren Gewand die Atmosphäre ist", verdanken ihren Namen dem Umstand, dass sie absolute Nacktheit als unverzichtbares Zeichen der Heiligkeit betrachten, [2] – obwohl der Fortschritt der Zivilisation sie gezwungen hat, von <u>dieser</u> abzuweichen Praxis ihrer Theorie. Die Śvetâmbara, also „die, die in Weiß gekleidet sind", behaupten diese Lehre nicht, sondern halten es für möglich, dass auch die Heiligen, die sich kleiden, das höchste Ziel erreichen können. Sie geben jedoch zu, dass der Begründer der Jaina-Religion und seine ersten Schüler es ablehnten, Kleidung zu tragen. Sie sind nicht nur durch diesen Streit gespalten, sondern auch durch Differenzen über Dogmen und eine unterschiedliche Literatur. Die Trennung muss daher von altem Rang sein. Auch die Tradition bestätigt dies – obwohl die angegebenen Daten nicht übereinstimmen. Aus Inschriften geht hervor, dass die Spaltung vor dem ersten Jahrhundert unserer Zeitrechnung erfolgte. [3] Ihre gegensätzlichen Meinungen äußern sich darin, dass sie einander das Recht auf Mischehe oder das Essen am selben Tisch – die beiden Hauptmerkmale sozialer Gleichheit – nicht einräumen. Trotz des Alters des Schismas und der Feindschaft, die die beiden Zweige trennt, sind sie sich hinsichtlich der Anordnung ihrer Gemeinschaften, der Lehre, der Disziplin und des Kultes einig – zumindest in den wichtigeren Punkten; und daher kann man immer von der Jaina-Religion als Ganzes sprechen.

Das charakteristische Merkmal dieser Religion ist ihr Anspruch auf Universalität, den sie mit dem Buddhismus gemeinsam und im Gegensatz zum Brahmanismus vertritt. Es erklärt auch, dass sein Ziel darin besteht, alle

Menschen zur Erlösung zu führen und seine Arme zu öffnen – nicht nur dem edlen Arier, sondern auch dem niedergeborenen Sûdra und sogar dem in Indien zutiefst verachteten Außerirdischen, den Mlechcha. [4] Da ihre Lehre, wie die Buddhas, ursprünglich ein philosophisches Ethiksystem für Asketen ist, sind die Schüler, wie die Buddhisten, in Geistliche und Laien unterteilt. An der Spitze steht ein Asketenorden, ursprünglich Nirgrantha „die, die von allen Banden befreit sind", heute üblicherweise Yatis – „Asketen" oder Sâdhus – „Heilige" genannt, der unter den Śvetâmbara auch Frauen zulässt, [5] und unter ihnen die allgemeine Gemeinschaft der Upâsaka „die Anbeter" oder der Śrâvaka „die Hörer".

Nur die Asketen sind in der Lage, in die Wahrheiten, die Jina lehrt, einzudringen, seinen Regeln zu folgen und die höchste Belohnung zu erlangen, die er verspricht. Die Laien jedoch, die sich nicht der Suche nach der Wahrheit widmen und nicht auf das Leben in der Welt verzichten können, finden immer noch Zuflucht im Jainismus. Als Zuhörer ist es ihnen gestattet, seine Grundsätze zu teilen und Pflichten zu übernehmen, die eine schwache Kopie der Anforderungen sind, die an die Asketen gestellt werden. Ihre Belohnung ist natürlich geringer. Wer in der Welt bleibt, kann das höchste Ziel nicht erreichen, aber er kann dennoch den Weg gehen, der dorthin führt. Wie alle Religionen der Hindus, die auf philosophischer Spekulation basieren, sieht der Jainismus sein höchstes Ziel im *Nirvâna* oder *Moksha* , der Befreiung des Individuums von der *Sam[postvokalischen] Sâra* – der Revolution von Geburt und Tod. Die Mittel, es zu erreichen, sind für ihn, wie für den Buddhismus, die drei Juwelen – der richtige Glaube, das richtige Wissen und der richtige Wandel. Unter dem rechten Glauben versteht man die völlige Hingabe an den Lehrer, die Jina, die feste Überzeugung, dass er allein den Weg zur Erlösung gefunden hat und nur bei ihm Schutz und Zuflucht zu finden ist. Fragen Sie, wer Jina ist, und der Jaina wird in Bezug auf Buddha genau die gleiche Antwort geben wie der Buddhist. Er ist ursprünglich ein irrender Mann, gebunden an die Bande der Welt, der – nicht durch die Hilfe eines Lehrers oder durch die Offenbarung der Veden – die er für korrupt erklärt –, sondern durch seine eigene Macht , hat Allwissenheit und Freiheit erlangt und aus Mitleid mit dem Leid der Menschheit predigt und verkündet er den Weg der Erlösung, den er gefunden hat. Weil er die Welt und die Feinde im menschlichen Herzen besiegt hat, wird er Jina „der Sieger", Mahâvîra „der große Held" genannt; weil er das höchste Wissen besitzt, wird er Sarvajña oder Kevalin, der „Allwissende", Buddha, der „Erleuchtete" genannt; Weil er sich von der Welt befreit hat, erhält er die Namen Mukta „der Befreite", Siddha und Tathâgata „der Vollendete", Arhat „der Heilige"; und als Verkünder der Lehre ist er der Tîrthakara „der Finder der Furt" durch den Ozean des *Sam[postvokalischen] Sâra* . In diesen Beinamen, die auf den Begründer ihrer Lehre angewendet werden, stimmen die Jainas fast vollständig mit den Buddhisten überein, wie die Ähnlichkeit seines Charakters mit dem Buddhas vermuten lässt. Sie verwenden jedoch lieber die Namen Jina und Arhat, während die Buddhisten lieber von Buddha als Tathâgata oder Sugata sprechen. Der Titel Tîrthakara ist den Jainas eigen. Unter den Buddhisten ist es eine Bezeichnung für falsche Lehrer. [6]

Die Jaina sagt jedoch weiter, dass es mehr als eine Jina gab. Vierundzwanzig sind in langen Abständen erschienen und haben die durch böse Einflüsse verdunkelten Lehren immer wieder in ihrer ursprünglichen Reinheit wiederhergestellt. Sie entstammen alle edlen, kriegerischen Stämmen. Nur in solchen, nicht unter den niedrigen Brâhmanen , kann ein Jina das Licht der Welt erblicken. Der erste Jina Rishabha wurde – vor mehr als 100 Milliarden Ozeanen von Jahren – Perioden von unvorstellbarer Länge – [7] als Sohn eines Königs von Ayodhyâ geboren und lebte acht Millionen vierhunderttausend Jahre. Die Abstände zwischen seinen Nachfolgern und die Dauer ihres Lebens wurden immer kürzer. Zwischen dem dreiundzwanzigsten Pârśva und dem vierundzwanzigsten Vardhamâna lagen nur 250 Jahre, und das Alter des letzteren wird mit nur zweiundsiebzig Jahren angegeben. Er erschien einigen zufolge in der zweiten Hälfte des sechsten Jahrhunderts, anderen zufolge in der ersten Hälfte des fünften Jahrhunderts v. Chr. Er ist natürlich der wahre, historische Prophet der Jainas, und in seiner Lehre heißt es, dass die Jainas sollte glauben. Die Zurückdatierung des Ursprungs der Jaina-Religion stimmt wiederum mit den Behauptungen der Buddhisten überein, die fünfundzwanzig Buddhas anerkennen, die nacheinander dasselbe System lehrten. Sogar mit dem Brahmanismus scheint er in einer entfernten Weise verbunden zu sein, denn dieser lehrt in seiner Kosmogonie das aufeinanderfolgende Erscheinen von Demiurgen und Weisen – den vierzehn Manus, die zu verschiedenen Zeiten dazu beitrugen, das Schöpfungswerk zu vollenden und verkündete das brahmanische Gesetz. Diese brahmanischen Ideen könnten möglicherweise zu den Lehren der fünfundzwanzig Buddhas und vierundzwanzig Jinas geführt haben, [8] die sicherlich spätere Ergänzungen in beiden Systemen sind.

Das zweifelsfreie und absolut korrekte Verständnis der neun Wahrheiten, die der Jina zum Ausdruck bringt, oder des philosophischen Systems, das der Jina lehrte, stellt das zweite Juwel dar – das wahre Wissen. Seine Hauptmerkmale sind kurz wie folgt. [9]

Die Welt (worunter wir nicht nur die sichtbaren, sondern auch imaginäre Kontinente verstehen sollen, die mit der extravagantesten Fantasie dargestellt werden, Himmel und Höllen der brahmanischen Kosmologie, erweitert durch neue Entdeckungen) ist ungeschaffen. Es existiert ohne Herrscher, nur durch die Kraft seiner Elemente und ist ewig. Die Elemente der Welt sind sechs Substanzen – Seelen, *Dharma* oder moralische Verdienste, *Adharma* oder Sünde, Raum, Zeit, Materieteilchen. Aus der Vereinigung der letzteren entstehen vier Elemente – Erde, Feuer, Wasser, Wind – und darüber hinaus Körper und alle anderen Erscheinungen der Sinneswelt und der übernatürlichen Welten. Die Erscheinungsformen sind meist unveränderlich. Nur der Körper der Menschen und ihr Alter nehmen infolge des größeren oder geringeren Einflusses von Sünde oder Verdienst über unermesslich lange Zeiträume zu oder ab – die *Avasarpini* und die *Utsarpini* . Seelen sind, jede für sich, unabhängige, reale Existenzen, deren Grundlage reine Intelligenz ist und die einen Impuls zum Handeln besitzen. In der Welt sind sie immer an Körper gekettet. Der Grund für diese Beschränkung liegt darin, dass sie sich dem Stress der Aktivität, den Leidenschaften, den Einflüssen der Sinne und der Objekte des Geistes hingeben oder sich einem falschen Glauben hingeben. Die Taten, die sie im Körper vollbringen, sind *Karman* , Verdienst und Sünde. Dies treibt sie – wenn ein Körper gemäß den Bedingungen seiner Existenz verstorben ist – in einen anderen, dessen Qualität vom Charakter des *Karman abhängt* und insbesondere durch die letzten Gedanken bestimmt wird, die ihm vor dem Tod entspringen. Tugend führt in den Himmel der Götter oder zur Geburt unter Menschen in reinen und edlen Rassen. Die Sünde verbannt die Seelen in die unteren Regionen, in die Körper von Tieren, in Pflanzen, sogar in Massen lebloser Materie. Denn – so die Jaina-Lehre – existieren Seelen nicht nur in organischen Strukturen, sondern auch in scheinbar toten Massen, in Steinen, in Erdklumpen, in Wassertropfen, im Feuer und im Wind. Durch die Vereinigung mit Körpern wird die Natur der Seele beeinflusst. In der Masse der Materie ist das Licht ihrer Intelligenz vollständig verborgen; es verliert das Bewusstsein, ist unbeweglich und groß oder klein, je nachdem, wie groß oder klein es ist. In organischen Strukturen ist es immer bewusst; es hängt jedoch von der Natur desselben ab, ob es beweglich oder unbeweglich ist und fünf, vier, drei, zwei oder ein Sinnesorgan besitzt.

Die Bindung der Seelen, wenn sie einen menschlichen Körper bewohnen, kann durch die Unterdrückung der Ursachen, die zu ihrer Gefangenschaft führen, und durch die Zerstörung des *Karman abgeschafft werden* . Die Unterdrückung der Ursachen gelingt durch die Überwindung der Neigung zur Aktivität und der Leidenschaften, durch die Beherrschung der Sinne und durch das standhafte Festhalten am rechten Glauben. Auf diese Weise wird die Hinzufügung neuen *Karmans* , neuer Verdienste oder neuer Schuld verhindert. Die Zerstörung des aus früheren Existenzen verbliebenen *Karman* kann entweder spontan durch die Erschöpfung des Vorrats oder durch Askese herbeigeführt werden. Im letzteren Fall ist der Endzustand das Erreichen eines Wissens, das das Universum durchdringt, zu *Kevala, Jñâna* und *Nirvân a* oder *Moksha* : vollständige Befreiung von allen Bindungen. Diese Ziele können sogar erreicht werden, während die Seele noch in ihrem Körper ist. Wenn jedoch der Körper zerstört wird, wandert die Seele in die „Nicht-Welt" *(alôka)* , wie der Jain sagt, dh in den Himmel von Jina, dem

„Erlösten", der außerhalb der Welt liegt. [10] Dort bleibt es in seiner rein geistigen Natur ewig bestehen. Sein Zustand ist der vollkommener Ruhe, die durch nichts gestört wird. Diese grundlegenden Ideen werden in den Einzelheiten mit einer Subtilität und Fantasie umgesetzt, die selbst im subtilen und fantastischen Indien ihresgleichen sucht, in einem wissenschaftlichen Stil und werden durch die *Syâdvâda* – die Lehre von „Es kann so sein" – verteidigt Argumentation, die es ermöglicht, die Existenz ein und derselben Sache zu behaupten und zu leugnen. Wenn man dieses mit den anderen indischen Systemen vergleicht, steht es dem Brâhma *n näher* als dem buddhistischen, mit dem es nur vier und nicht fünf Elemente gemeinsam hat. Der Jainismus berührt in seiner Kosmologie und seinen Zeitvorstellungen alle Brâhma - *Religionen und den Buddhismus und stimmt in Bezug auf die Lehren von Karman* , der Knechtschaft und der Befreiung der Seelen völlig überein. Der Atheismus, die Ansicht, dass die Welt nicht erschaffen wurde, ist dem Buddhismus und der Sâm[postvokalischen] Khya-Philosophie gemeinsam. Seine Psychologie kommt der letzteren insofern nahe, als beide an die Existenz unzähliger unabhängiger Seelen glauben. Aber die Lehre von der Aktivität der Seelen und ihrer Verteilung in Materiemassen steht im Einklang mit der Vedânta, nach der das Prinzip der Seele alles Existierende durchdringt. In der weiteren Entwicklung der Seelenlehre scheinen die Vorstellungen „individuelle Seele" und „lebendes Wesen", denen die Jaina und die Brâhma n *den* gleichen Namen geben – *jîva* – durcheinander zu kommen. Die jainaische Vorstellung von Raum und Zeit als realen Substanzen findet sich auch im Vaiśeshika-System. Wenn es darum geht, *Dharma* und *Adharma zu den Substanzen* zu zählen, steht der Jainismus allein da.

Das dritte Juwel, der rechte Wandel, den die Jaina-Ethik beinhaltet, hat seinen Kern in den fünf großen Eiden, die der Jaina-Asket bei seinem Eintritt in den Orden leistet. Er verspricht, genau wie der büßende Brâhma , und fast mit denselben Worten, nicht zu verletzen, nicht die Unwahrheit zu sagen, sich nichts ohne Erlaubnis anzueignen, Keuschheit zu bewahren und Selbstaufopferung zu üben. Der Inhalt dieser einfachen Regeln wird seitens der Jainas durch die Einfügung von fünf Klauseln außerordentlich erweitert, in denen sich jeweils drei separate aktive Instrumente der Sünde in besonderer Beziehung zu Gedanken, Worten und Taten befinden. Was also den Eid betrifft, nicht zu verletzen, auf den die Jaina den größten Wert legen: Er umfasst nicht nur das absichtliche Töten oder Verletzen von Lebewesen, Pflanzen oder in toter Materie existierenden Seelen, sondern erfordert auch äußerste Sorgfalt im Ganzen Lebensweise, in allen Bewegungen, eine Wachsamkeit gegenüber allen Funktionen des Körpers, durch die alles Lebendige verletzt werden könnte. [11] Es erfordert schließlich strenge Wachsamkeit über Herz und Zunge und die Vermeidung aller Gedanken und Worte, die zu Streit und Streit und damit zu Schaden führen könnten. In ähnlicher Weise bedeutet die Opferregel nicht nur, dass der Asket kein Haus und keinen Besitz hat, sie lehrt auch, dass eine völlige Gleichgültigkeit gegenüber angenehmen und unangenehmen Eindrücken notwendig ist, ebenso wie die Opferung jeglicher Bindung an alles Lebendige oder Tote. [12]

Neben der gewissenhaften Einhaltung dieser Regeln ist Tapas – Askese – von größter Bedeutung für den richtigen Weg derjenigen, die *das Nirvana erreichen wollen* . Askese ist sowohl innerlich als auch äußerlich. Bei ersterem geht es um Selbstdisziplin, die Reinigung und Läuterung des Geistes. Es umfasst die Reue der Sünde, das Bekenntnis derselben gegenüber dem Lehrer und die dafür geleistete Buße, die Demut vor Lehrern und allen Tugendhaften und den Dienst an derselben, das Studium und die Lehre des Glaubens oder der heiligen Schrift, fromme Meditationen darüber das Elend der Welt, die Unreinheit des Körpers usw. und schließlich das Ablegen aller Dinge, die zur Welt gehören. Andererseits versteht die Jaina unter dem Begriff der äußeren Askese Mäßigung, Betteln, Verzicht auf alle herzhaften Speisen, verschiedene Arten der Selbstkasteiung, wie z. B. das Sitzen in unnatürlichen und ermüdenden Positionen, die Behinderung der Funktion der Organe, insbesondere durch Fasten , was unter Umständen bis zum Hungertod fortgesetzt werden kann. Der freiwillige Tod durch Nahrungsentzug ist nach der strengen Lehre des Digambara für alle Asketen notwendig, die die höchste Stufe des Wissens erreicht haben. Der Kevalin, so heißt es, frisst nicht mehr. Die milderen Śvetâmbara fordern dies nicht unbedingt, sondern betrachten es als einen sicheren Zugang zum *Nirvana* . Damit dieser Tod jedoch seine Früchte tragen kann, muss der Asket sich genau an die dafür vorgesehenen Anweisungen halten, sonst verlängert er lediglich die Zahl der Wiedergeburten. [13]

Aus diesen allgemeinen Regeln ergeben sich zahlreiche besondere Regeln, die das Leben des Jina-Schülers betreffen. Die Opferpflicht zwingt ihn, bei seinem Eintritt in den Orden seinen Besitz aufzugeben und mit dem Almosengefäß in der Hand heimatlos in fremden Ländern umherzuwandern und, wenn keine andere Pflicht dazwischenkommt, nie länger als eine Nacht am selben Ort zu bleiben . Die Regel, nichts zu verletzen, bedeutet, dass er drei Gegenstände mit sich führen muss, ein Siebtuch für sein Trinkwasser, einen Besen und einen Schleier vor dem Mund, um das Töten von Insekten zu vermeiden. Es befiehlt ihm auch, jegliches Reinigen und Waschen zu vermeiden und in den vier Monaten der Regenzeit, in denen sich das Tier- und Pflanzenleben am häufigsten zeigt, auszuruhen. Um Askese zu praktizieren, ist es die Regel, diese Ruhezeit zu einer Zeit des strengsten Fastens, des sorgfältigsten Studiums der heiligen Schriften und der tiefsten Meditation zu machen. Diese Pflicht erfordert auch, dass der Asket auf schmerzhafteste Weise seine Haare ausreißt, die er nach orientalischem

Brauch bei seiner Weihe entfernen muss – ein besonderer Brauch der Jainas, der bei anderen Büßern in Indien nicht zu finden ist.

Wie die fünf großen Gelübde sind die meisten besonderen Anweisungen für die Disziplin des jainistischen Asketen Kopien und oft übertriebene Kopien der brahmanischen Regeln für Büßer. Die äußeren Merkmale des Ordens ähneln stark denen des Sannyâsin. Das Wanderleben während acht Monaten und der Rest während der Regenzeit stimmen genau überein; und in vielen anderen Punkten, zum Beispiel in der Verwendung von Beichten, stimmen sie mit den Buddhisten überein. Sie stimmen mit Brâhmans *alleiniger* asketischer Selbstquälerei überein, die der Buddhismus ablehnt; und besonders charakteristisch ist die Tatsache, dass der alte Brâhmanismus seinen Büßern das Hungern als wohltuend empfiehlt. [14]

Die Lehre vom rechten Weg für die Jaina-Laien unterscheidet sich von der für die Asketen. An die Stelle der fünf großen Gelübde treten bloße Echos. Er gelobt, nur schwere Verletzungen von Lebewesen, also Menschen und Tieren, zu vermeiden; nur die gröberen Formen der Unwahrheit – direkte Lügen; nur die schamlosesten Formen des Nehmens, was nicht gegeben ist, nämlich Diebstahl und Raub. An die Stelle des Keuschheitseids tritt der der ehelichen Treue. Anstelle der Selbstverleugnung besteht das Versprechen darin, nicht gierig Besitz anzuhäufen und zufrieden zu sein. Zu diesen Abschriften kommen sieben weitere Gelübde hinzu, deren unterschiedlicher Inhalt den besonderen Anweisungen für die Disziplin der Asketen entspricht. Ihr Ziel besteht teils darin, das äußere Leben der Laien in Einklang mit der Jaina-Lehre zu bringen, insbesondere im Hinblick auf den Schutz der Lebewesen vor Schaden, und teils darin, das Herz auf das höchste Ziel auszurichten. Einige enthalten Verbote für bestimmte Getränke, beispielsweise Spirituosen. oder Fleischsorten wie Fleisch, frische Butter, Honig, die nicht genossen werden können, ohne das Gelübde zur Erhaltung des tierischen Lebens zu brechen. Andere schränken die Auswahl an Unternehmen ein, in die Laien eintreten dürfen; Beispielsweise ist die Landwirtschaft verboten, da sie mit der Zerstörung des Bodens und dem Tod vieler Tiere einhergeht, wie es auch der Brâhmanismus vertritt. Bei anderen geht es um Barmherzigkeit und Nächstenliebe, um die Bewahrung des inneren Friedens oder um die Notwendigkeit, weder zu sehr am Leben und seinen Freuden festzuhalten noch den Tod als Ende des Leidens herbeizusehnen. Den Laien wird jedoch auch das freiwillige Hungern als Verdienst empfohlen. Diese Anweisungen ähneln (wie aufgrund der Ähnlichkeit der Umstände zu erwarten ist) in vielen Punkten den buddhistischen Anweisungen für Laien und sind tatsächlich oft identisch, was die verwendete Sprache betrifft. Vieles steht jedoch in besonderer Übereinstimmung mit den brâhmanischen Lehren. [15] Im praktischen Leben macht der Jainismus aus seinen Laien ernsthafte Männer, die einen stärkeren Zug der Resignation aufweisen als andere Inder und sich durch eine außergewöhnliche Bereitschaft auszeichnen, alles für ihre Religion zu opfern. Das macht sie auch zu Fanatikern für den Schutz des Tierlebens. Wo immer sie an Einfluss gewinnen, ist Schluss mit den blutigen Opfern und dem Abschlachten und Töten der größeren Tiere.

Die Vereinigung der Laien mit dem Orden der Asketen hat natürlich eine starke Reaktion auf den ersteren und seine Entwicklung sowie auf seine Lehre ausgeübt und hat ähnliche Ergebnisse im Jainismus und Buddhismus zur Folge. Was die Veränderungen in der Lehre betrifft, so ist es zweifellos dem Einfluss der Laien zuzuschreiben, dass das atheistische Jaina-System ebenso wie das buddhistische System mit einem Kult ausgestattet wurde. Der Asket versucht in seinem Streben nach *Nirvana* das natürliche Verlangen des Menschen, höhere Mächte anzubeten, zu unterdrücken. Beim weltlichen Hörer, der nicht ausschließlich dieses Ziel anstrebt, könnte dies nicht gelingen. Da die Lehre keine andere Stütze fand, klammerte sich das religiöse Gefühl der Laien an ihren Begründer: Jina und mit ihm seine mythischen Vorgänger wurden zu Göttern. Vor allem an den Orten, an denen die Propheten der Legende nach ihr Ziel erreicht hatten, wurden mit ihren Statuen geschmückte Denkmäler und Tempel errichtet. Hinzu kommt eine Art Anbetung, bestehend aus der Darbringung von Blumen und Weihrauch für Jina, der Anbetung durch Lobgesänge zur Feier ihres Einzugs in das Nirvana, aus dem die Jaina ein großes Fest *mit* feierlichen Prozessionen und Pilgerfahrten zu den Orten machen wo es erreicht wurde. [16] Dieser Einfluss der Laien ist im Laufe der Zeit von großer Bedeutung für die indische Kunst geworden, und Indien verdankt ihm eine Reihe seiner schönsten Baudenkmäler, wie die prächtigen Tempel von Âbu, Girnâr und Śatruñjaya in Gujarat. Es hat auch zu einer Veränderung im Denken der Asketen geführt. In vielen ihrer Hymnen zu Ehren von Jina appellieren sie an ihn mit der gleichen Inbrunst wie der Brâhma *an* seine Götter; und oft finden sich in ihnen Ausdrücke, die der ursprünglichen Lehre widersprechen und Jina eine schöpferische Kraft zuschreiben. Tatsächlich geht eine Jaina-Beschreibung der sechs Hauptsysteme so weit, den Jainismus – wie auch den Buddhismus – zu den theistischen Religionen zu zählen. [17]

Aber auch in anderer Hinsicht hat die Aufnahme der Laien entscheidende Veränderungen im Leben des Klerus bewirkt. In der Erziehung weltlicher Gemeinschaften wird der Asket, dessen Regeln der Gleichgültigkeit gegenüber allem und jedem ihn zu einem ganz auf sich selbst und sein Ziel konzentrierten Wesen machen, wieder mit der Menschheit und ihren Interessen vereint. Die Pflicht, den Laien zu erziehen und über sein Leben zu wachen, muss zwangsläufig die umherziehenden Büßer in sesshafte Mönche verwandeln – die sich der Seelenpflege, der Missiontätigkeit und dem Erwerb von Wissen widmen und diese nur hin und wieder erfüllen

Pflicht, den Wohnort zu wechseln. Die Bedürfnisse der Laiengemeinschaften erforderten die ständige Anwesenheit von Lehrern. Auch wenn diese von Zeit zu Zeit wechseln wollten, war es dennoch notwendig, ihnen einen Unterschlupf zu bieten. So entstanden die Upâśraya oder Zufluchtsorte, die Jaina-Klöster, die genau dem buddhistischen Sanghârâma entsprechen. Mit den Klöstern und der festen Residenz in ihnen entstand eine feste Ordenszugehörigkeit, die sich aufgrund des Jaina-Prinzips des bedingungslosen Gehorsams gegenüber dem Lehrer als viel strenger erwies als im Buddhismus. Mit der Entwicklung des Ordens und der Freizeit des klösterlichen Lebens folgte weiterhin der Beginn einer literarischen und wissenschaftlichen Tätigkeit. Der älteste Versuch beschränkte sich in dieser Hinsicht darauf, ihre Lehre in feste Formen zu bringen. Ihre Ergebnisse waren, neben anderen verlorenen Werken, das sogenannte *Am[postvocalic] ga* – die Glieder des Gesetzeswerks, das vielleicht ursprünglich im dritten Jahrhundert v. Chr. verfasst wurde. Von dem *Am[postvocalic] ga* gibt es elf Exemplare Zweifel, die bei den Śvetâmbaras aus einer späten Ausgabe des fünften oder sechsten Jahrhunderts n. Chr. erhalten geblieben sind. Diese Werke sind nicht in Sanskrit, sondern in einem beliebten Prâkrit-Dialekt verfasst: Denn die Jina verwendeten wie Buddha beim Lehren die Sprache des Volkes. Sie enthalten teils Legenden über den Propheten und seine Tätigkeit als Lehrer, teils Fragmente einer Lehre oder Versuche einer systematischen Darstellung derselben. Obwohl der Dialekt unterschiedlich ist, weisen sie in der Form der Geschichten und in der Ausdrucksweise eine wunderbare Ähnlichkeit mit den heiligen Schriften der Buddhisten auf. [18] Die Digambaras hingegen haben außer den Namen nichts vom *Am[postvocalic] ga erhalten* . An ihre Stelle setzen sie spätere systematische Werke, auch in Prâkrit, und behaupten zur Rechtfertigung ihrer unterschiedlichen Lehren, dass der Kanon ihrer Rivalen korrumpiert sei. Im weiteren Verlauf der Geschichte haben es jedoch beide Zweige der Jainas ebenso wie die Buddhisten in ihren ständigen Kämpfen mit den Brâhmanen für *notwendig* gehalten, sich mit der alten Sprache der Kultur dieser letzteren vertraut zu machen. Zuerst begannen die Digambara und später die Śvetâmbara, Sanskrit zu verwenden. Sie begnügten sich nicht damit, ihre eigene Lehre in Sanskrit-Werken zu erklären, sondern wandten sich auch den weltlichen Wissenschaften der Brâhmanen *zu* . Sie haben in der Grammatik, in der Astronomie und auch in einigen Zweigen der Literatur so viel Bedeutendes geleistet, dass sie selbst bei ihren Feinden Respekt erlangt haben, und einige ihrer Werke sind immer noch von Bedeutung für die europäische Wissenschaft. In Südindien, wo sie unter den dravidischen Stämmen arbeiteten , trieben sie auch die Entwicklung dieser Sprachen voran. Die kanarische Literatursprache sowie Tamil und Telugu basieren auf den Grundlagen, die von den Jaina-Mönchen gelegt wurden. Diese Tätigkeit führte sie zwar weit von ihrem eigentlichen Ziel entfernt, verschaffte ihnen aber eine wichtige Stellung in der Literatur- und Kulturgeschichte.

Die Ähnlichkeit zwischen den Jainas und den Buddhisten, die ich so oft angeführt habe, wirft die Frage auf, ob sie als Zweig der Letzteren anzusehen sind oder ob sie den Buddhisten nur deshalb ähneln, wie ihre Tradition behauptet , [19] Sie entsprangen derselben Zeit und derselben religiösen Bewegung im Gegensatz zum Brâhmanismus. Diese Frage wurde früher und wird manchmal immer noch im Einklang mit der ersten Theorie beantwortet, wobei auf die unbestrittenen Mängel dieser Theorie hingewiesen wurde, um die Ablehnung der Jaina-Tradition zu rechtfertigen, und sie sogar als eine späte und absichtliche Erfindung erklärt wurde. Trotzdem ist die zweite Erklärung richtig, denn die Buddhisten selbst bestätigen die Aussagen der Jainas über ihren Propheten. Alte historische Überlieferungen und Inschriften belegen die unabhängige Existenz der Sekte der Jainas bereits in den ersten fünf Jahrhunderten nach Buddhas Tod, und unter den Inschriften befinden sich einige, die die Jaina-Tradition nicht nur vom Betrugsverdacht entlasten, sondern auch ein starkes Zeugnis für ihre Ehrlichkeit ablegen . [20]

Die ältesten kanonischen Bücher der Jaina enthalten, abgesehen von einigen mythologischen Ergänzungen und offensichtlichen Übertreibungen, die folgenden wichtigen Anmerkungen zum Leben ihres letzten Propheten. [21] Vardhamâna war der jüngere Sohn von Siddhârtha, einem Adligen, der der Kshatriya-Rasse angehörte, auf Sanskrit Jñâti oder Jñâta, auf Prakrit Nâya genannt, und nach dem alten Brauch der indischen Kriegerkaste den Namen einer brahmanischen Familie trug der Kâśyapa. Seine Mutter, die Triśalâ hieß, gehörte zur Familie der Gouverneure von Videha. Siddhârthas Wohnsitz war Ku *nd* apura, das heutige Basukund, ein Vorort der wohlhabenden Stadt Vaiśâlî, dem heutigen Besarh, in Videha oder Tirhut. [22] Siddhârtha war der Schwiegersohn des Königs von Vaiśâlî. Dreißig Jahre lang, so scheint es, führte Vardhamâna ein weltliches Leben im Haus seiner Eltern. Er heiratete und seine Frau Yaśodâ gebar ihm eine Tochter Anojjâ, die mit einem Adligen namens Jamâli verheiratet war und ihrerseits eine Tochter hatte. In seinem einunddreißigsten Lebensjahr starben seine Eltern. Da sie Anhänger von Pârśva, dem dreiundzwanzigsten Jina, waren, wählten sie nach dem Brauch der Jainas den Tod der Weisen durch Hunger. Unmittelbar danach beschloss Vardhamâna, der Welt zu entsagen. Er erhielt von seinem älteren Bruder Nandivardhana die Erlaubnis zu diesem Schritt, und der Herrscher seines Landes teilte seinen Besitz auf und wurde ein obdachloser Asket. Er wanderte mehr als zwölf Jahre lang, wobei er sich nur während der Regenzeit ausruhte, in den Ländern des Lâ *d* ha, in Vajjabhûmi und Subbhabhûmi, dem heutigen Rârh in Bengalen, umher und lernte, große Nöte und grausame Misshandlungen mit Gleichmut zu ertragen in die Hände der Einwohner dieser Bezirke. Darüber hinaus erlegte er sich selbst die schwersten Demütigungen auf; Nach dem ersten Jahr legte er seine Kleidung ab und widmete sich der tiefsten Meditation. Im dreizehnten Jahr dieses Wanderlebens glaubte er, das höchste Wissen und die Würde eines Heiligen erlangt zu haben. Anschließend trat er als Prophet auf, lehrte die Nirgrantha-Lehre, eine Abwandlung der Religion von Pârśva, und organisierte den Orden der Nirgrantha-Asketen. Von da an trug er den Namen des ehrwürdigen Asketen Mahâvîra. Seine Karriere als Lehrer dauerte nicht ganz dreißig Jahre, während derer er wie früher, außer in der Regenzeit, durch das ganze Land reiste. Er gewann zahlreiche Anhänger, sowohl aus dem Klerus als auch aus der Laienschicht, unter denen es jedoch im vierzehnten Jahr seiner Lehrzeit zu einer Spaltung kam – verursacht durch seinen Schwiegersohn Jamâli.

Das Ausmaß seines Einflussbereichs entspricht fast dem der Königreiche Srâvastî oder Kosala, Vidcha, Magadha und Am[postvocalic] ga – dem modernen Oudh – und den Provinzen Tirhut und Bihâr in Westbengalen. Sehr häufig verbrachte er die Regenzeit in seinem Heimatort Vaiśâlî und in Râjagr iha. Zu seinen Zeitgenossen gehörten der rivalisierende Lehrer Gosâla, der Sohn von Mam[postvocalic] Khali, den er in einem Streit besiegte, der König von Videha, Bhambhasâra oder Bibbhisâra namens Sre nika, und seine Söhne Abhayakumâra und der Vatermörder Ajâtaśatru *oder* Kû *nika* , der ihn beschützte oder seine Lehre akzeptierte, und auch die Adligen der Lichchhavi- und Mallaki-Rassen. Als Ort seines Todes wird die Stadt Pâpâ oder Pâvâ, das heutige Padraona [23], angegeben, wo er während der Regenzeit seines letzten Lebensjahres im Haus des Schreibers von König Hastipâla wohnte. Unmittelbar nach seinem Tod kam es in seiner Gemeinde zu einer zweiten Spaltung. [24]

Bei Betrachtung dieser Informationen fällt einem sofort auf, dass der Schauplatz von Vardhamânas Wirken in demselben Teil Indiens liegt, in dem Buddha tätig war, und dass mehrere der Persönlichkeiten, die in der Geschichte Buddhas eine Rolle spielen, auch im Jaina auftauchen Legende. Buddha soll durch die Königreiche Kosala, Videha und Magadha gewandert sein und predigen, und ihre Hauptstädte Śrâvastî und Râjagr iha sind nur die genannten Orte, an denen er die größten Gemeinden gründete. Auch von den Einwohnern Vaiśâlîs wird erzählt, dass sich viele seiner Lehre zuwandten. Viele Legenden erzählen von seinem Verkehr und seiner Freundschaft mit Bimbisâra oder Śre *nika* , dem König von Videha, sowie von der Ermordung des letzteren durch seinen Sohn Ajâtaśatru, der sich danach, von Reue gequält, Buddha näherte; Erwähnt wird auch sein Bruder Abhayakumâra, ebenso wird Makkhali Gosâla unter Buddhas Gegnern und Rivalen erwähnt. Es ist daher klar, dass die älteste Jaina-Legende Vardhamâna zu einem Landsmann und Zeitgenossen Buddhas macht, und es könnte naheliegen, in den Schriften der Buddhisten nach einer Bestätigung dieser Annahmen zu suchen. Solche gibt es tatsächlich in nicht geringer Zahl.

Selbst in den ältesten Werken des singalesischen Kanons, die offenbar aus dem Beginn des zweiten Jahrhunderts nach Buddhas Tod oder dem vierten Jahrhundert v. Chr. stammen und deren letzte Ausgabe jedenfalls im dritten erfolgte, wird häufig ein Widerspruch erwähnt Sekte der Asketen, die Nigan *t* ha, die die in Sanskrit verfassten nördlichen Texte unter den Gegnern Buddhas unter dem Namen Nirgrantha anerkennen, den ein altes *Sûtra* [25] als „Oberhäupter von Gruppen von Schülern und Schülern, Lehrer von" beschreibt Studenten, wohlbekannt, berühmt, Gründer von Lehrschulen, von der Menge als gute Männer geschätzt. Ihr Anführer wird ebenfalls genannt; er wird in Pâli Nâtaputta genannt, in Sanskrit Jñâtiputra, das heißt der Sohn von Jñâti oder Nâta. Die Ähnlichkeit zwischen diesen Wörtern und den Namen der Familie Jñâti, Jñâta oder Naya, zu der Vardhamâna gehörte, ist offensichtlich. Nun wird in der älteren buddhistischen Literatur sehr oft der Titel „Sohn des Mannes aus der Familie NN" anstelle des Namens der Person verwendet, da beispielsweise „Sohn des Sâkiya" für Buddha-Sâkiyaputta verwendet wird Es ist schwer, nicht anzunehmen, dass Nâtaputta oder Jñâtiputra, der Anführer der Niga *nt* ha- oder Nirgrantha-Sekte, dieselbe Person ist wie Vardhamâna, der Nachkomme der Jñâti-Familie und Gründer der Nirgrantha- oder Jaina-Sekte. Wenn wir dieser Idee nachgehen und die unterschiedlichen Bemerkungen der Buddhisten über die Gegner Buddhas zusammenfassen, dann wird deutlich, dass seine Identität mit Vardhamâna sicher ist. Ihm werden eine Reihe von Lehrregeln zugeschrieben, die auch bei den Jainas zu finden sind, und einige Ereignisse in seinem Leben, die wir bereits in den Berichten über das Leben von Vardhamâna gefunden haben, werden in Beziehung gesetzt.

An einer Stelle im ältesten Teil des singalesischen Kanons wird Niga *nt* ha Nâtaputta die Behauptung in den Mund gelegt, dass der *Kiriyâvâda* – die Lehre der Aktivität – sein System von der Lehre Buddhas trennt. Wir werden in dieser Lehre sicherlich die Herrschaft der *Kiriyâ erkennen* , die Aktivität der Seelen, auf die der Jainismus so große Bedeutung legt. [26] Zwei weitere Regeln aus der Seelenlehre werden in einem späteren Werk zitiert, das nicht kanonisch ist: Dort heißt es in einer Sammlung falscher Lehren, die Buddhas Rivalen lehrten, dass Niga nt ha behauptet, dass kaltes Wasser lebendig *sei* . Kleine Wassertropfen enthielten kleine Seelen, große Tropfen, große Seelen. Deshalb verbot er seinen Anhängern die Verwendung von kaltem Wasser. Es ist nicht schwer, in diesen seltsamen Regeln das Jaina-Dogma zu erkennen, das die Existenz von Seelen behauptet, selbst in der Masse der leblosen Elemente Erde, Wasser, Feuer und Wind. Dies beweist auch, dass der Nigant *die von den Brâhmanen* so oft verspottete Klassifizierung der Seelen zugelassen hat , die zwischen groß und klein unterscheidet. Diese Arbeit schreibt Niga *nt ha* wie andere die Behauptung zu, dass die sogenannten drei *dan da* – die drei Instrumente, mit denen der Mensch Geschöpfen – Gedanken, Wort und Körper – Schaden zufügen kann, getrennte aktive Ursachen der Sünde sind . Auch in diesem Fall stimmt die Jaina-Doktrin überein, die die drei stets speziell vertritt und jedem eine besondere Kontrolle vorschreibt. [27]

Neben diesen Regeln, die vollkommen miteinander übereinstimmen, gibt es noch zwei Lehren des Niga *nt* ha, auf die Bezug genommen werden muss, die den Jainas zu widersprechen scheinen oder es tatsächlich tun; Es heißt nämlich, dass Nâtaputta von seinen Schülern das Ablegen von vier, nicht wie im Fall von Vardhamâna, von fünf großen Gelübden verlangte. Obwohl diese Schwierigkeit auf den ersten Blick sehr wichtig erscheinen mag, wird sie durch eine oft wiederholte Behauptung in den Jaina-Werken zunichte gemacht. Sie sagen immer wieder, dass Pàrśva, der dreiundzwanzigste Jina, nur vier Gelübde anerkannte und Vardhamâna das fünfte hinzufügte. Die Buddhisten haben daher ein Dogma überliefert, das der Jainismus anerkennt. Die Frage ist lediglich, ob man ihnen oder den Jainas mehr vertrauen kann. Wenn letzteres der Fall ist und angenommen wird, dass Vardhamâna lediglich der Reformator einer alten Religion war, müssen die Buddhisten mit einer leicht möglichen Verwechslung zwischen den früheren und späteren Lehrern konfrontiert werden. Wenn andererseits die Jaina-Berichte über ihren dreiundzwanzigsten Propheten als mythisch angesehen werden und Vardhamâna als der wahre Gründer der Sekte angesehen wird, muss die Lehre von den vier Gelübden letzterem zugeschrieben werden. und wir müssen als Tatsache akzeptieren, dass er seine Ansichten in diesem Punkt geändert hatte. Auf jeden Fall spricht die buddhistische Aussage jedoch eher für als gegen die Identität von Niga *nt* ha mit Jina. [28]

Vardhamânas System hingegen ist völlig unvereinbar mit Nâtaputtas Behauptung, dass sowohl Tugend als auch Sünde, Glück wie Unglück für die Menschen durch das Schicksal unveränderlich festgelegt sind und dass nichts an ihrem Schicksal durch die Ausführung des heiligen Gesetzes geändert werden kann . Es ist jedoch ebenso unvereinbar mit den anderen buddhistischen Darstellungen der Lehren ihres Gegners; denn es ist absolut unvorstellbar, dass derselbe Mann, der seinen Anhängern Gelübde auferlegt, deren Ziel es ist, Sünde zu vermeiden, dennoch Tugend und Sünde ausschließlich von der Gesinnung des Schicksals abhängig machen und die Nutzlosigkeit der Ausführung des Gesetzes predigen könnte . Der Vorwurf, Nâtaputta habe sich dem Fatalismus verschrieben, muss daher als Erfindung und Ergebnis des Sektenhasses sowie des Wunsches angesehen werden, ihre Gegner in Misskredit zu bringen. [29]

Noch bemerkenswerter sind die buddhistischen Bemerkungen zur Persönlichkeit und zum Leben von Nâtaputta. Sie sagen immer wieder, dass er Anspruch auf die Würde eines Arhats und auf die Allwissenheit erhob, die auch die Jainas für ihren Propheten beanspruchen, den sie lieber einfach „den Arhat" nennen und der das allumfassende „Kevala"-Wissen *besitzt* . [30] Eine Geschichte von Bekehrungen erzählt uns weiter, dass Nâtaputta und seine Schüler es verschmähten, ihre Körper zu bedecken; Genau das Gleiche wird uns auch von Vardhamâna erzählt. [31] Eine Geschichte im ältesten Teil des singalesischen Kanons gibt ein interessantes und wichtiges Beispiel seiner Lehrtätigkeit. Der Legende nach kam Buddha einst in die Stadt Vaiśâlî, den Sitz der Kshatriya der Lichchhavi-Rasse. Sein Name, sein Gesetz, seine Gemeinschaft wurden von den Adligen der Lichchhavi im Senat hoch gelobt. Sîha, ihr General, der ein Anhänger des Nigant ha war , wollte unbedingt den großen Lehrer kennenlernen. Er ging zu seinem Meister Nâtaputta, der sich gerade in Vaiśâlî aufhielt, und bat um Erlaubnis, den Besuch abstatten zu dürfen. Zweimal lehnte Nâtaputta ihn ab. Dann beschloss Sîha, ihm nicht zu gehorchen. Er suchte Buddha auf, hörte seine Lehren und wurde von ihm bekehrt. Um seine Verbundenheit zu seinem neuen Lehrer zu zeigen, lud er Buddha und seine Schüler zum Essen ein. Als Sîha die Einladung annahm, befahl er seinen Dienern, zu Ehren des Anlasses Fleisch bereitzustellen. Diese Tatsache kam den Anhängern des Niga *nt* ha zu Ohren. Froh, eine Gelegenheit gefunden zu haben, Buddha Schaden zuzufügen, eilten sie in großer Zahl durch die Stadt und schrien, dass Sîha einen großen Ochsen zu Buddhas Unterhaltung töten ließ; dass Buddha vom Fleisch des Tieres gegessen hatte, obwohl er wusste, dass es seinetwegen getötet worden war, und daher am Tod des Tieres schuld war. Die Anschuldigung wurde Siha zur Kenntnis gebracht und von ihm als Verleumdung bezeichnet. Buddha hielt jedoch nach dem Essen eine Predigt, in der er seinen Schülern verbot, vom Fleisch der Tiere zu essen, die ihretwegen getötet worden waren. Die Legende bestätigt auch den Bericht in den Jaina-Werken, wonach Vardhamâna häufig in Vaiśâlî lebte und in dieser Stadt eine starke Anhängerschaft hatte. Dies soll wahrscheinlich zeigen, dass seine Sekte hinsichtlich des Fleischessens strenger war als die Buddhisten, ein Punkt, der wiederum mit den Statuten der Jainas übereinstimmt. [32]

Noch wichtiger ist der Bericht über Nâtaputtas Tod. „So habe ich es gehört", heißt es in einem alten Buch des singalesischen Kanons, dem *Sâmagâma Sutta* , „einst lebte der Ehrwürdige in Sâmagâma im Land der Sâkya. Zu dieser Zeit war jedoch sicherlich der Niga *nt* ha Nâtaputta gestorben." Pâvâ. Nach seinem Tod wanderten die Niganten *uneinig* und getrennt umher, stritten, kämpften und verletzten sich gegenseitig mit Worten. [33] Hier haben wir eine vollständige Bestätigung der Aussage des Jaina-Kanons über den Ort, an dem Vardhamâna ins *Nirvân eintrat* , sowie der Aussage, dass es unmittelbar nach seinem Tod zu einer Spaltung kam.

Die Harmonie zwischen der buddhistischen und der Jaina-Tradition ist hinsichtlich der Person des Oberhauptes der Nirgrantha mittlerweile unvollkommen. Es stört die Beschreibung von Nâtaputta als Mitglied der brâhmanischen Sekte der Âgniveśyâyana, während Vardhamâna der Kâśyapa angehörte. Der Punkt ist jedoch so unbedeutend, dass ein Fehler seitens der Buddhisten leicht möglich ist. [34] Es versteht sich von selbst, dass von den Buddhisten oder anderen Sekten bei der Beschreibung der Person eines verhassten Feindes keine vollkommene Genauigkeit erwartet werden kann. Feindschaft und Verachtung, die immer vorhanden sind, verbieten das. Man kann höchstens erwarten, dass die meisten und wichtigsten der dargelegten Fakten übereinstimmen.

Diese Voraussetzung ist im vorliegenden Fall zweifellos erfüllt. Es kann daher nicht geleugnet werden, dass Vardhamâna Jñâtiputra, der Gründer der Nirgrantha- oder Jaina-Gemeinschaft, trotz dieses Unterschieds und trotz der Absurdität eines ihm zugeschriebenen Artikels des Glaubensbekenntnisses kein anderer als Buddhas Rivale ist . Aus buddhistischen Berichten in ihren kanonischen Werken sowie in anderen Büchern geht hervor, dass dieser Rivale gefährlich und einflussreich war und dass sich seine Lehren bereits zu Buddhas Zeiten erheblich verbreitet hatten. Ihre Legenden über Konvertierungen aus anderen Sekten erwähnen sehr oft Nirgrantha-Sektierer, die durch die Lehren Buddhas oder seiner Schüler von ihrem Glauben entfremdet worden waren. In ihren Beschreibungen anderer Rivalen Buddhas heißt es auch, dass diese, um Ansehen zu erlangen, die Nirgrantha nachahmten und sich entkleideten, oder dass sie von den Menschen als Nirgrantha-Heilige angesehen wurden, weil sie zufällig ihre Kleidung verloren hatten . Solche Äußerungen wären unerklärlich, wenn Vardhamânas Gemeinschaft nicht große Bedeutung erlangt hätte. [35]

Dies stimmt mit mehreren Bemerkungen in den buddhistischen Chroniken überein, die die Existenz der Jainas in verschiedenen Bezirken Indiens im ersten Jahrhundert nach Buddhas Tod behaupten. In den Memoiren des chinesischen Buddhisten und Pilgers Hiuen Tsiang, der zu Beginn des siebten Jahrhunderts n. Chr. Indien besuchte, findet sich ein Auszug aus den alten Annalen von Magadha, der die Existenz der Nirgrantha oder Jainas in ihnen beweist Originalhaus aus sehr früher Zeit. [36] Dieser Auszug bezieht sich auf den Bau des großen Klosters in Nâlandâ, der Hochschule des Buddhismus in Ostindien, das kurz nach Buddhas Nirvana gegründet wurde, *und* erwähnt nebenbei, dass ein Nirgrantha, ein großer Astrologe und Prophet, das prophezeit hatte zukünftigen Erfolg des neuen Gebäudes. Fast genauso früh dokumentiert das im fünften Jahrhundert n. Chr. verfasste *Mahâvan[g]sa* das Erscheinen der Nirgrantha auf der Insel Ceylon. Es wird gesagt, dass der König Pa *nd* ukâbhaya, der zu Beginn des zweiten Jahrhunderts nach Buddha regierte, von 367 bis 307 v. Chr. einen Tempel und ein Kloster für zwei Nirgranthas errichtete. Das Kloster wird im selben Werk im Bericht über die Herrschaft des späteren Königs Va *tt* âgâmini, cir erneut erwähnt. Chr. Es wird berichtet, dass Va *tt* âgâmini, weil er von den Bewohnern beleidigt war, es zerstören ließ, nachdem es während der Herrschaft von einundzwanzig Königen existiert hatte, und an seiner Stelle ein buddhistisches Sam[postvokalisches] Ghârâma errichtete. Die letztgenannte Information findet sich auch im *Dîpavan[g]sa* von mehr als einem Jahrhundert zuvor. [37]

Keines dieser Werke kann tatsächlich als wirklich historische Quelle angesehen werden. Selbst in den Absätzen, in denen es um die älteste Geschichte nach Buddhas Tod geht, gibt es genügend Beweise dafür, dass sie einfach eine fehlerhafte historische Überlieferung weitergeben. Dennoch kann ihren Aussagen zum Nirgrantha ein gewisses Gewicht nicht abgesprochen werden, da sie einerseits eng mit dem buddhistischen Kanon verbunden sind und andererseits mit den unbestreitbaren Quellen der Geschichte übereinstimmen, die einen gewissen Bezug haben spätere Zeit.

Die ersten authentischen Informationen über Vardhamânas Sekte liefern unsere ältesten Inschriften, die religiösen Edikte des Maurya-Königs Aśoka, der der Überlieferung nach im Jahr 219 nach Buddhas Tod gesalbt wurde, und – als Hinweis auf seinen griechischen Zeitgenossen – Antiochos , wie Magas, Alexander, Ptolemaeus und Antigonas bestätigen, herrschte in der zweiten Hälfte des dritten Jahrhunderts v. Chr. über ganz Indien mit Ausnahme der Dekhan. Dieser Prinz interessierte sich nicht nur für den Buddhismus, zu dem er sich in seinen späteren Jahren bekannte, sondern er kümmerte sich auch väterlich, wie er immer wieder berichtet, um alle anderen religiösen Sekten in seinem riesigen Königreich. Im vierzehnten Jahr seiner Regentschaft ernannte er Beamte, sogenannte Justiz-Superintendenten, deren Aufgabe es war, über das Leben der verschiedenen Gemeinden zu wachen, ihre Streitigkeiten beizulegen und die Verteilung ihrer Vermächtnisse und frommen Gaben zu kontrollieren. Über sie sagt er im zweiten Teil des Edikts der siebten „Säule", das er im neunundzwanzigsten Jahr seiner Herrschaft erließ: „Meine Vorgesetzten sind mit verschiedenen wohltätigen Angelegenheiten beschäftigt, sie beschäftigen sich auch mit allen Sekten der Asketen und Haushälter." ; Ich habe dafür gesorgt, dass sie sich auch mit den Angelegenheiten des *Sam[postvocalic] gha beschäftigen werden; ebenso habe ich dafür gesorgt, dass sie sich mit den Âjîvika Brâhma ns* beschäftigen werden ; Ich habe dafür gesorgt, dass sie sich auch mit dem beschäftigen werden Niga *nt* ha". [38] Das Wort *Sam[postvocalic] gha* dient hier wie üblich für die buddhistischen Mönche. Die Âjívikas, deren Name später völlig verschwindet, werden in den heiligen Schriften der Buddhisten und der Jainas oft als einflussreiche Sekte genannt. Sie genossen die besondere Gunst von Aśoka, der, wie andere Inschriften bezeugen, dafür sorgte, dass mehrere

Höhlen in Baràbar zu Behausungen für ihre Asketen umgebaut wurden. [39] Wie in den noch älteren Schriften des buddhistischen Kanons kann sich der Name Niga *nt* ha hier nur auf die Anhänger von Vardhamâna beziehen. Da sie hier zusammen mit den beiden anderen Favoriten als besondere Erwähnung gelten, können wir mit Sicherheit den Schluss ziehen, dass sie zu dieser Zeit von nicht geringer Bedeutung waren. Wären sie ohne Einfluss und in geringer Zahl gewesen, hätte Aśoka kaum von ihnen gewusst oder sie zumindest nicht aus den anderen zahlreichen namenlosen Sekten herausgegriffen, von denen er oft spricht. Es kann auch angenommen werden, dass sie in ihrer alten Heimat besonders zahlreich waren, da Aśokas Hauptstadt Pâ *t* aliputra in diesem Land lag. Ob sie weit über diese Grenzen hinausreichen, lässt sich nicht feststellen.

Andererseits besitzen wir zwei Dokumente aus der Mitte des nächsten Jahrhunderts, die belegen, dass sie in den Südosten Indiens bis nach Kalim[postvocalic] ga vordrangen. Dies sind die Inschriften des großen Königs Khâravela und seiner ersten Frau in Kha *nd* agiri in Orissa, die von 152 bis 165 der Maurya-Ära, also in der ersten Hälfte des zweiten Jahrhunderts v. Chr., die Ostküste Indiens regierten

Die größere, leider sehr entstellte Inschrift enthält einen Bericht über das Leben Khâravelas von seiner Kindheit bis zum dreizehnten Jahr seiner Herrschaft. Es beginnt mit einem Appell an den Arhat und Siddha, der dem Beginn der fünffachen Huldigungsform entspricht, die noch heute bei den Jainas verwendet wird, und erwähnt den Bau von Tempeln zu Ehren des Arhat sowie ein Bild des ersten Jina , das von einem feindlichen König weggenommen wurde. Die zweite und kleinere Inschrift besagt, dass Khâravelas Frau den Bau einer Höhle für die Asketen von Kalinga veranlasste, „die an den Arhat glaubten". [40]

Aus einer etwas späteren Zeit, wie die Figuren belegen, stammt eine Widmungsinschrift aus dem ersten Jahrhundert v. Chr., die weit westlich der ursprünglichen Heimat der Jainas, in Mathurà am Jamnâ, gefunden wurde. Es erzählt von der Errichtung eines kleinen Tempels zu Ehren des Arhat Vardhamâna, außerdem von der Einweihung von Sitzen für die Lehrer, einer Zisterne und einem Steintisch. Der kleine Tempel soll neben dem Tempel der Handwerkerzunft gestanden haben, und diese Bemerkung beweist, dass Mathurâ, das nach der Überlieferung der Jainas einer der Hauptscats ihrer Religion war, eine Gemeinschaft von Jainas besaß noch vor der Zeit dieser Inschrift. [41]

Es ist eine große Anzahl von Widmungsinschriften ans Licht gekommen, die auf das Jahr 5 bis 98 der Ära der indo-skythischen Könige Kanishka, Huvishka und Vâsudeva (Bazodeo) datiert werden und daher spätestens in die Zeit am Ende des Ersten gehören und bis ins zweite Jahrhundert n. Chr.

zurück. Sie stehen alle auf den Sockeln von Statuen, die teils durch die besondere Erwähnung der Namen Vardhamâna und des Arhat Mahâvíra, teils durch absolute Nacktheit und andere Merkmale erkennbar sind. Sie zeigen, dass die Jaina-Gemeinschaft in Mathurâ weiterhin florierte und liefern darüber hinaus außerordentlich wichtige Informationen, wie ich bei einer erneuten Untersuchung der antiken Geschichte der Sekte herausfand. In einigen von ihnen geben die Widmungsgeber der Statuen nicht nur ihre eigenen Namen an, sondern auch die Namen der Religionslehrer, zu deren Gemeinschaften sie gehörten. Darüber hinaus geben sie diesen Lehrern ihre offiziellen Titel, die noch immer unter den Jainas verwendet werden: *vâchaka* , „Lehrer", und *gan in* , „Schulleiter". Schließlich geben sie die Namen der Schulen an, denen die Lehrer angehörten, und die Namen ihrer Unterabteilungen. Die Schulen werden, *gan a* , „Unternehmen" genannt ; die Unterteilungen, *kula* , „Familien" und *sâkhà* , „Zweige". Genau die gleiche Einteilung in *gan a, sâkhà* und *kula* findet sich in einer Liste in einem der kanonischen Werke, den Śvetâmbaras, dem *Kalpasûtra* , das die Zahl der Patriarchen und der von ihnen gegründeten Schulen angibt, und es ist von Es ist von größter Bedeutung, dass trotz Verstümmelung und fehlerhafter Wiedergabe der Inschriften neun der im Kalpasûtra vorkommenden Namen *darin* erkennbar sind, von denen ein Teil genau übereinstimmt, ein Teil durch das Verschulden des Steinmetzes verursacht oder falsch ist vom Kopisten gelesen, sind etwas unkenntlich gemacht. Laut *Kalpasûtra gründete* Sushita, der neunte Nachfolger von Vardhamâna, in der Position des Patriarchen zusammen mit seinem Gefährten Supratibuddha das „Ko *d* iya" oder „Kautika *gan a*", *das sich in vier „ sâkhà "* und vier „ *kula* " aufteilte. . Inschrift Nr. 4, die auf das Jahr 9 des Königs Kanishka oder 87 n. Chr. (?) datiert ist, gibt uns eine etwas alte Form des Namens des Gan *a Kot iya* und die eines seiner Zweige, der genau dem *Vairi entspricht sâkhâ* . Verstümmelt oder falsch geschrieben kommt das erste Wort auch in den Inschriften Nr. 2, 6 und 9 als *koto-, ket t iya* und *ka* ... vor, das zweite in Nr. 6 als *Vorâ* . Eine der Familien dieses *Gan a* , die *Vân iya kula*, wird in Nr. 6 und vielleicht auch in Nr. 4 erwähnt. Der Name einer zweiten, der *Praśnavàhan aka* , scheint in Nr. 19 aufgetaucht zu sein. Die letzte Inschrift erwähnt auch ein weiterer Zweig des Kot iya gan a, der *Majhimâ sâkhâ* , der laut *Kalpasûtra* von Priyagantha, dem zweiten Schüler von Susthita, gegründet wurde. Zwei noch ältere Schulen, die der Überlieferung nach aus dem vierten Schüler des achten Patriarchen hervorgegangen sind, erscheinen zusammen mit einigen ihrer Unterteilungen in den Inschriften Nr. 20 und 10. Es handelt sich um die Aryya-Udehikîya gan a, die Schule *des* Ârya -Roha *n* a im *Kalpasûtra* , zu dem die *Parihâsaka kula* und die *Pûrnapâtrikâ sâkhâ gehörten,* sowie die *Charân a gan a* mit der *Prîtidharmika kula.* Jeder dieser Namen ist jedoch durch ein oder mehrere schriftliche Errata etwas entstellt. [42] Die Aussagen in den Inschriften über die Lehrer und ihre Schulen sind für sich genommen von nicht geringer

Bedeutung für die Geschichte der Jainas. Wenn am Ende des ersten Jahrhunderts n. Chr.(?) viele separate Schulen von Jaina-Asketen existierten, lässt sich auf ein hohes Alter und eine lebhafte Aktivität sowie große Sorgfalt in Bezug auf die Traditionen der Sekte schließen. Die Übereinstimmung der Inschriften mit dem *Kalpasûtra* geht jedoch noch weiter: Sie beweist einerseits, dass die Jainas von Mathurâ Śvetâmbara waren und dass die Spaltung, die die Sekte in zwei rivalisierende Zweige spaltete, lange vor Beginn unserer Zeitrechnung stattfand. Andererseits beweist es, dass die Tradition der Svetâmbara tatsächlich antike historische Elemente enthält und keineswegs verdient, mit Misstrauen betrachtet zu werden. Es ist sehr wahrscheinlich, dass sie, wie alle Überlieferungen, nicht ganz frei von Fehlern ist. Aber es kann nicht länger als Ergebnis einer späteren absichtlichen Falschdarstellung erklärt werden, die vorgenommen wurde, um die Abhängigkeit des Jainismus vom Buddhismus zu verschleiern. Es ist nicht mehr möglich, seine Authentizität in Bezug auf diejenigen Punkte zu bestreiten, die durch unabhängige Aussagen anderer Sekten bestätigt werden, und beispielsweise zu behaupten, dass der Jaina-Bericht über das Leben von Vardhamâna, der mit den Aussagen der Buddhisten übereinstimmt, beweist nichts hinsichtlich des Zeitalters des Jainismus, da er bei der späten Festlegung des Kanons der Śvetâmbaras im sechsten Jahrhundert nach Christus möglicherweise aus buddhistischen Werken stammt. Eine solche Behauptung, die unter allen Umständen kühn ist, wird völlig unhaltbar, wenn man herausfindet, dass die fragliche Tradition Tatsachen korrekt wiedergibt, die nicht ganz drei Jahrhunderte von Vardhamânas Zeit entfernt liegen, und dass die Sekte lange vor dem ersten Jahrhundert existierte unserer Zeit hielten strenge Buchführung über ihre inneren Angelegenheiten. [43]

Leider enden hier die Zeugnisse der alten Geschichte der Jainas, soweit sie durch Inschriften bekannt sind. So interessant es auch wäre, den Spuren ihrer Gemeinschaften in den späteren Inschriften zu folgen, die ab dem 5. Jahrhundert n. Chr. so zahlreich wurden, und in der Beschreibung seiner Reisen durch Hiuen Tsiang, der sie in ganz Indien und sogar darüber hinaus verbreitet vorfand Ohne seine Grenzen würde es außerhalb unseres Ziels liegen. Die zitierten Dokumente genügen jedoch, um die Behauptung zu bestätigen, dass sowohl die Aussagen der buddhistischen Tradition als auch reale historische Quellen in den ersten fünf Jahrhunderten nach Buddhas Tod die Existenz der Jainas als wichtige, vom Buddhismus unabhängige Religionsgemeinschaft belegen, und zwar dort Unter den historischen Quellen gibt es einige, die den Verdacht, dass die Überlieferung der Jainas selbst absichtlich verfälscht wurde, völlig ausräumen.

Der Vorteil, der sich für die indische Geschichte aus der Schlussfolgerung ergibt, dass Jainismus und Buddhismus zwei zeitgenössische Sekten sind, die im selben Bezirk entstanden sind, ist nicht gering. Erstens zeigt diese

Schlussfolgerung, dass die religiöse Bewegung im 6. und 5. Jahrhundert v. Chr. in Ostindien tiefgreifend gewesen sein muss. Wenn nicht nur einer, sondern sicherlich zwei und vielleicht noch mehr Reformatoren gleichzeitig auftraten, predigende Lehrer, die den bestehenden Verhältnissen in gleicher Weise entgegentraten und von denen jeder für seine Lehren eine nicht geringe Zahl von Anhängern gewann, der Wunsch dazu Der Umsturz der brahmanischen Ordnung der Dinge muss allgemein und tief empfunden worden sein. Diese Schlussfolgerung zeigt also, dass die Transformation des religiösen Lebens in Indien nicht nur das Werk einer religiösen Gemeinschaft war. Viele strebten danach, dieses Ziel zu erreichen, obwohl sie voneinander getrennt waren. Es ist heute, wenn auch vorläufig, nur in einem Punkt erkennbar, dass die Religionsgeschichte Indiens vom fünften Jahrhundert v. Chr. bis zum achten oder neunten Jahrhundert n. Chr. nicht nur aus dem Kampf zwischen Brahmanismus und Buddhismus bestand. Diese Schlussfolgerung lässt uns schließlich hoffen, dass die gründliche Untersuchung der ältesten Schriften der Jainas und ihrer Beziehungen zum Buddhismus einerseits und zum Brahmanismus andererseits viele wichtige Zugangsmöglichkeiten zu einer genaueren Kenntnis des Religiösen bieten wird Ideen, die im sechsten und fünften Jahrhundert v. Chr. vorherrschten, und zur Festlegung der Grenzen der Originalität zwischen den verschiedenen Systemen.

ANHANG A.

Kopien der erwähnten verstümmelten Inschriften wurden von General Sir A. Cunningham in seinen *Archaeological Survey Reports* , Bd. 1, veröffentlicht. III, Tafeln xiii-xv. Leider wurden sie anhand von „Kopien" präsentiert und sind daher voller Fehler, die zweifellos größtenteils auf den Kopisten und nicht auf den Bildhauer zurückzuführen sind. In den meisten hier betrachteten Fällen ist es jedoch nicht schwierig, die korrekte Lesart wiederherzustellen. Normalerweise werden nur Vokalzeichen weggelassen oder falsch verstanden, und hier und da werden Konsonanten vertauscht, die einander sehr ähnlich sind, wie *va* und *cha, va* und *dha, ga* und *śa, la* und *na* .

Die Formeln der Inschriften sind fast überall gleich. Zuerst kommt das Datum, dann folgt der Name eines ehrwürdigen Lehrers, dann die Erwähnung der Schule und deren Unterabteilung, zu der er gehörte. Dann werden die Personen genannt, die die Statuen geweiht haben (meist Frauen) und zur Gemeinschaft des besagten Lehrers gehörten. Den Abschluss bildet die Beschreibung des Geschenks. Der Dialekt der Inschriften zeigt jene seltsame Mischung aus Sanskr ĭt und Prâkr ĭt, die in fast allen Dokumenten der indo-skythischen Könige zu finden ist und die, wie Dr. Hoernle als erster erkannte, eine der literarischen Sprachen des Nordens und des Nordens war Nordwestindien in den ersten Jahrhunderten vor und nach Beginn unserer Zeitrechnung.

Bei der Berechnung der Daten verwende ich den bevorzugten Ausgangspunkt für die Ära der indo-skythischen Könige, die leider nicht sicher bestimmt ist, und gehe davon aus, dass sie mit der Saka- *Ära* von 78-14 n. Chr. identisch ist. Die Herrschaft dieser Fürsten konnte nicht später gefallen sein: Meiner Meinung nach war es etwas früher [44] Ich gebe hier Abschriften und Restaurierungen solcher Inschriften an, in denen Jaina-Schulen oder -Titel erwähnt werden.

1. Die für meinen Zweck wichtigste und gleichzeitig am besten erhaltene Inschrift ist Sir A. Cunninghams Nr. 6, Tafel xiii, die auf der Basis eines Jaina-Bildes gefunden wurde (Arch. Sur . *Rep* . Bd. III, S. 31). Die mit einem Abrieb verglichene Kopie ergibt folgendes Ergebnis (die Buchstaben in Klammern sind beschädigt):

L. 1. *Siddham[postvocalic] sam[postvocalic] 20 gramâ 1 di 10 + 5 ko(ti)yato gan ato (V â)n iyato kulato V(ai)r(i)to śâkâto Śirikâto*

2. *(bha)ttito vâchakasya Aryya-Sam[postvokalisch] ghasihasya nir(v)varttanam[postvokalisch] Dattilasya.... Vi .-*

3. *lasya ko(t hu)bi(ki)ya Jayavâlasya Devadâsasya Nâgadinasya cha Nâgadinâye cha (mâ)tu .*

4. *śrâ(vi)kâye (D)i-*

5. *(nâ)ye dânam[postvokalisch] . ich*

6. *Varddhamâna pra —*

7. *timâ |*

Die Lücke in Zeile 2 nach *Dattilasya* enthielt wahrscheinlich das Wort *duhituye* oder *dhûtuye* und einen Teil eines männlichen Namens, von dem nur der Buchstabe *vi* sichtbar ist. In l. 3, möglicherweise ist *kot habiniye* anstelle von *kot hubikiye* zu lesen . Da am Ende der Zeile Platz für einen weiteren Buchstaben ist, schlage ich vor, *mâtuye zu lesen* . In l. 5, *Dinâye würde für Dattâyâh[postvokalisch]* stehen und der Genitiv eines weiblichen Namens *Dinnâ* oder *Dattâ* sein, der als *bhâmâvat* abgekürzt wurde . Es besteht kein Zweifel daran, dass das Wort *śrî* oder *śiri* , das erforderlich ist, vor *Vardhamâna gestanden hat* . Bei diesen Restaurierungen lautet die Übersetzung wie folgt:

"Erfolg! Das Jahr 20, Sommer (*Monat*) I, Tag 15. Ein Bild des glorreichen Vardhamâna, das Geschenk der weiblichen Laienschülerin Dinâ [*dh* Dinnâ oder Dattâ], der [*Tochter*] von Attila, der Frau von Vi ..la, die Mutter von Jayavâla [Jayapala], von Devadâsa und Nâgadina [*d. h* . Nâgadinna oder Nâgadattâ] und von Nâgadina [*d. h.* von Nâgadinnâ oder Nâgadattâ] – (*diese Statue ist*) das *Nirvartana* [45] des Predigers Aryya-Sam[postvocalic] ghasiha [*dh* Ârya-Sam[postvocalic] ghasim[postvocalic] ha] , aus der Ko *t* iya-Schule, der Vâniya-Rasse, dem Vairi-Zweig, der Śirikâ-Abteilung".

Die Inschrift gegeben *Arch. Sur. Rep* . Bd. XX, Tafel v, Nr. 6 lautet laut einem hervorragenden Abrieb:

L. 1. *Namo Araham[postvokalisch] tânain namo Siddhâna sam[postvokalisch]* 60 [46] + 2

2. *3. bis 5. September Rârakasya Aryakakasaghastasya*

3. *śishyâ Âtapikogahabaryasya nirvartana chatnuvarnasya sam[postvokalisch] ghasya*

4. *yâ dinnâ pat ibhâ[bho?] ga 1 (?) | (?) Vaihikâya datti |*

„Anbetung für die Arhats, Anbetung für die Siddhas! Das Jahr 62, der Sommer (*Monat*) 3, der Tag 5; am oben genannten Datum wurde der *Gemeinschaft* , die vier Klassen umfasst, ein Jahr als Vergnügen (*oder* eine) gegeben Teilen Sie für jeden) (*dieses Wesen*) das *Nirvartana* von Atapikogahabarya, dem Schüler von Arya-Kakasaghasta (Ârya-Karkaśagharshita), einem Eingeborenen von Rârâ (Râ *d* hâ). Die Gabe von Vaihikâ (*oder* Vaihitâ)."

2. Mit der Inschrift Nr. 6 des Jahres 20 stimmt Nr. 4 (Tafel xiii) überein; es wurde auch auf einem Jaina-Sockel gefunden. Mit besseren Messwerten nur

aus einer Bereibung der ersten Seite schlage ich für die anderen Teile, von denen ich keine Bereibungen habe, die folgenden Korrekturen vor:--l. 1, *Vâniyato kulato, sâkhâto* ; l. 2, *kut umbimye; Ich stelle auch fest, dass die Lücke in Zeile 2, 3. und 4. Seite, genau durch ye śrî-Vardhamânasya pratimâ kâritâ sarvasattvâ* gefüllt würde . Die frühere Existenz der ersten und letzten sieben Buchstaben kann als gesichert angesehen werden. Meine Wiederherstellung des Ganzen ist —

L. 1 (1. Seite) *Siddham[postvokalisch] mahârâjasya Kanishkasya râjye sam[postvokalisch] vatsare navame* [<u>47</u>] (2. Seite).. *mâsc pratha* 1 *divase* 5 *a-* (3.)*[syâm[postvokalisch]] purvv[â]ye Kot iyato gan ato Vâniya[to]* (4.) *[ku] lato Vairito sâkâto vâchaka -*

2. (1. Seite) *[sya] [N]âganam[postvocalic] disa ni[rva]r[ta]nam[postvocalic] Brah[ma]* ... *[dhû-(2nd)tuye] Bhat t umitasa kut u[m[postvokalisch]]bi[n]i[ye] Vikat â-*(3.)*[ye śrî Vardhamânasya pratimâ kâritâ sarva -*(4.) *satvâ] nam[postvokalisch] hita -*

3. *[sukhâye]* ;

und die Übersetzung:--

„Erfolg! Während der Herrschaft des großen Königs Kanishka, im neunten Jahr, 9, im ersten Monat, 1, von ..., am Tag 5, – am oben genannten Datum [wurde ein Bild des glorreichen Vardhamâna gemacht veranlasst, dass Vikatâ, die Hausfrau von Bha *tt* imita (Bhat *t* imitra) und [Tochter von] Brâhma ... — (dieses Statuenwesen) für das Wohlergehen [und das Glück] aller geschaffenen Wesen geschaffen wurde. das *Nirvartana* des Predigers Nâganam [postvokalisch] idi, aus der Ko *t* iya-Schule (*gan a*), der Vâ *n* iya-Linie (*kula*) (und) dem Vairi-Zweig (*śâkhâ*).“

Kalpasûtra zuwenden , stellen wir fest, dass Su *tt* hiya oder Susthita, der achte Nachfolger von Vardhamâna, das Kau *t* ika oder Ko *d* iya ga *n* a gründete, das sich in vier śâkhâs und vier Kulas aufteilte. Der dritte der ersteren war Vajrî oder Vairî, und der dritte der letzteren war Vâ *nîya* oder Vâ *n* ijja. Es ist offensichtlich, dass die Namen *gan a, kula* und *śâkhâ* mit den in den beiden Inschriften genannten übereinstimmen, wobei Ko *t* iya eine etwas ältere Form von Ko *d* iya ist. Es ist jedoch interessant festzustellen, dass die weitere Unterteilung der Vairî śâkhâ – die Śirikâ bhatti (Srikâ bhakti), die in der Inschrift Nr. 6 erwähnt wird – den Kalpasûtra nicht bekannt *ist* . Dabei handelt es sich um eine Lücke, wie sie in einer mündlich überlieferten Liste zu erwarten ist.

3. Das Ko *t* ika ga *n* a wird erneut in der stark verstümmelten Inschrift Nr. 19, Tafel xv, erwähnt. Eine vollständige Wiederherstellung ist nicht möglich.

L. 1. *Sam[postvocalic] valsare 90 va...sya kut ubani. vadânasya vodhuya ...*

2. *K | ot iyato | gan ato | Praśna | vâha | na | kato kulato Majhamâto śâkhâto...sa nikâye bhati gâlâe thabâni ...*

Aus den Fragmenten der ersten Zeile kann jedoch geschlossen werden, dass die Widmung von einer Frau vorgenommen wurde, die als Ehefrau (*kut umbinî*) einer Person und als Schwiegertochter (*vadhu*) einer anderen Person beschrieben wurde. Der erste Teil von Zeile 2, wie oben wiederhergestellt, lautet: „In der Gemeinde von ... aus der Ko t *iya* -Schule, der Praśnavâhanaka-Linie und dem Majhamâ-Zweig ...“ Die Wiederherstellung der beiden Namen Ko t iya und Praśnavâhanaka scheint mir absolut sicher, weil sie genau die Lücken in der Inschrift füllen und weil die Informationen im *Kalpasûtra* (SBE Bd. XXII, S. 293) bezüglich des Madhyamâśâkhâ in diese Richtung weisen. Das letztere Werk erzählt uns, dass Priyagantha, der zweite Schüler von Susthita und Supratibuddha, ein śâkhâ namens Madhyamâ oder Majhimâ gründete.

Wie unsere Inschriften zeigen, ist Professor Jacobis Erklärung der Begriffe *gan a, kula* und *śâkhâ* [48] richtig und das erste bezeichnet die Schule, das zweite die Linie der Lehrer und das dritte einen Zweig, der sich von einer solchen Linie trennte, it Daraus folgt, dass die śâkhâs, die im *Kalpasûtra* ohne die Erwähnung von a *gan a* und *kula genannt werden* , zum letzten vorhergehenden *gan a gehören* und ihren Ursprung von einem seiner *kulas ableiten müssen* . Daher war das Madhyamâ śâkhâ zweifellos im Kau t ika ga n a enthalten und ein Ableger eines seiner *Kulas* , dessen viertes Praśnavâhanaka oder Pan *havâha* n *aya* genannt wird. Die Richtigkeit dieser Schlussfolgerungen wird durch Râjaśckharas Aussage über seine spirituelle Abstammung am Ende des *Prabandha kosha bewiesen* , das er in Vik verfasste. sam[postvokalisch] 1405. Er teilt uns mit, dass er der Ko t ika ga n a , *der Praśnavâhana kula, der Madhyamâ śâkhâ, der Harshapurŷa gachha und der Maladhâri samtâna* angehörte , die vom berühmten Abhayasûri gegründet wurden.

Für die letzten Worte von l. 2 Ich wage es nicht, eine Änderung vorzuschlagen; Ich stelle lediglich fest, dass die Gabe offenbar aus Säulen, *thabâni* , dh *stambhâh[postvokalisch],* bestanden hat .

4. Das Ko t iya ga n a scheint schließlich in Pl. erwähnt zu werden. xiii, Nr. 2, wobei die Kopie von Zeile 1, 2. Seite wie folgt korrigiert werden kann:--

Siddha--sa 5 bis 1 von 10 + 2 asyâ purvvâye Kot (iya) .

5. Namen eines älteren *Gan a* und eines seiner *Kulas* kommen in Nr. 10, Tafel xiv vor, wo die Kopie, die fehlerhaft ist, die folgende teilweise Wiederherstellung ermöglichen könnte:---

L. 1. *Sa 40 + 7 bis 2 von 20 Tagen*

2. ... *pashân avadhaya Giha..ka.bha.. prapâ [di] nâ..mâ ta ...*

was ich übersetze--

„Das Jahr 47, der Sommer (Monat) 2, der Tag 20, – an dem oben genannten Datum wurde ein Trinkbrunnen von ..., dem ... des Laienschülers Da ... (diesem Wesen) geschenkt *nivatana* von Sena, dem Schüler von Rohanadi (Rohanandi) und Prediger der Petidhamika (Praitidharmika)-Linie, in der Vâra *n* a-Schule."

Varane muss ein Fehler für das sehr ähnliche Wort *Chârane sein* . Die zweite *Kula* dieses *Gan a* , die laut *Kalpasûtra* (*SBE* . Bd. XXII, S. 291) von Śrîgupta, dem fünften Schüler von Ârya Suhastin, gegründet wurde, ist die Prîtidharmika (S. 292). Es ist leicht zu erkennen, dass ein ähnlicher Name in der Zusammensetzung *Petivamikakutavâchakasya* „des Predigers der Petivâmika-Linie" verborgen ist ; und eine von Dr. Fuhrer in Mathurâ ausgegrabene Inschrift erwähnt die Petivâmika (*kula*) der Vârana *gan a* . Mit der zweiten Zeile lässt sich wenig anfangen: Wenn die Buchstaben *prapâ* richtig sind und ein Wort bilden, muss es sich bei einem der gewidmeten Objekte um einen Trinkbrunnen gehandelt haben.

6. Die Inschrift Nr. 20, Tafel xv bietet ebenfalls leicht verfälschte und verstümmelte Namen eines *Gan a* , eines *Kula* und eines *Sâkhâ* , die im *Kalpasûtra erwähnt werden* . In der lithographierten Kopie sind die Zeilen 3-7 hoffnungslos und es gibt kein Abreiben, das helfen könnte. Das Wort *thitu* „einer Tochter" in Zeile 6 und das folgende *ma.uya* , das wahrscheinlich eine Fehlinterpretation von *mâtuye* „der Mutter" ist, zeigen, dass diese Widmung ebenfalls von einer Frau vorgenommen wurde. Die letzten vier Silben *vato maho* sind wahrscheinlich der Überrest eines anderen namaskâra – *namo bhagavato Mahâvîrasya*. Was die Eigennamen betrifft, ist Aryya Rehiniya eine unmögliche Form; aber beim Vergleich mit der nächsten zu erwähnenden Inschrift ist es offensichtlich, dass auf dem Stein *Aryvodchikiyâto* oder *Aryadehikiyâto g>n â[to] gelesen haben muss* . [49] Laut *Kalpasûtra* (*SBE* . Bd. XXII, S. 291) war Ârya-Roha *n* a der erste Schüler von Ârya Suhastin und gründete die Uddeha ga *n* a. Letzterer teilte sich in vier śâkhâs und sechs Kulas auf. Der Name seines vierten śâkhâ, Pûr *n* apatrikâ, ähnelt stark – insbesondere in seinen Konsonantenelementen – dem der Inschrift, *Petaputrikâ* , und ich zögere nicht, Letzteres in *Ponapatrikâ zu korrigieren* , was das Äquivalent von Sansk wäre. Paur *n* apatrikâ. Zu den sechs Kulas gehört das Parihâsaka, und angesichts der anderen Vereinbarungen halte ich es für wahrscheinlich, dass der verstümmelte Name, der als *Puridha.ka gelesen wird,* eine Fehlinterpretation von *Parihâka ist* . Wir können die ersten beiden Male korrigieren und wie folgt lesen:

L. 1. *Siddha|m| namo arahato Mahâvir|a|sya devanâśasya | râjña Vâsudevasya sam[postvokalisch] vatsare 90 + 8 varshamâse + divase 10 | 1 Etasyâ* .

2. *purvv | â | y | e | Aryyo-D | e | h | i | kiyâto gan â[| to | P | a | vi | hâsa | k | a | kula | to | P | ou | ap | a | trikât | o | śâkâto gan | i | sya Aryya-Devadatta | sya | naja … …*

3. *Ryya-Kshemasya*

4. *Prakagirin e*

5. *kihadiye prajâ*

6. *tasya Pravarakasya dhitu Varan asya gatvakasya ma | t | uya Mitra(?)sa …datta gâ*

7. *ye.. | namo bhaga | vato mah | âvîrasya |*

und die Übersetzung wird (bisher) sein:--

„Erfolg! Anbetung an den Arhat Mahâvirâ, den Zerstörer(?) der Götter. Im Jahr des Königs Vâsudeva, 98, im Monat 4 der Regenzeit, am Tag 11 – am oben genannten Datum … von der Leiter der Schule (*gan in*) Aryya-Devadata (Devadatta) aus der Schule (*gan a*) der Aryya-Udehikîya (Ârya-Uddehikiya), aus der Parihâsaka-Linie (*kula*), aus der Ponapatrikâ (Paur *n* apatrikâ) Zweig (*śâkhâ*).“ [50]

Diese und viele andere Aussagen in den Inschriften über die Lehrer und ihre Schulen sind für sich genommen von nicht geringer Bedeutung für die frühe Geschichte der Jainas. Die Übereinstimmung des oben Gesagten mit dem *Kalpasûtra* lässt sich am besten zeigen, indem man die fraglichen Aussagen einander gegenüberstellt. Die Inschriften belegen die tatsächliche Existenz von zwanzig der im Sthavirâvali des *Kalpasûtra erwähnten Unterteilungen*. Unter seinen acht Ga *n* können wir sicherlich drei, möglicherweise vier ausfindig machen: Uddchika, Vâra *n* a, Veśavâ *d* iya(?) und Ko *d* iya.

Inschriften:

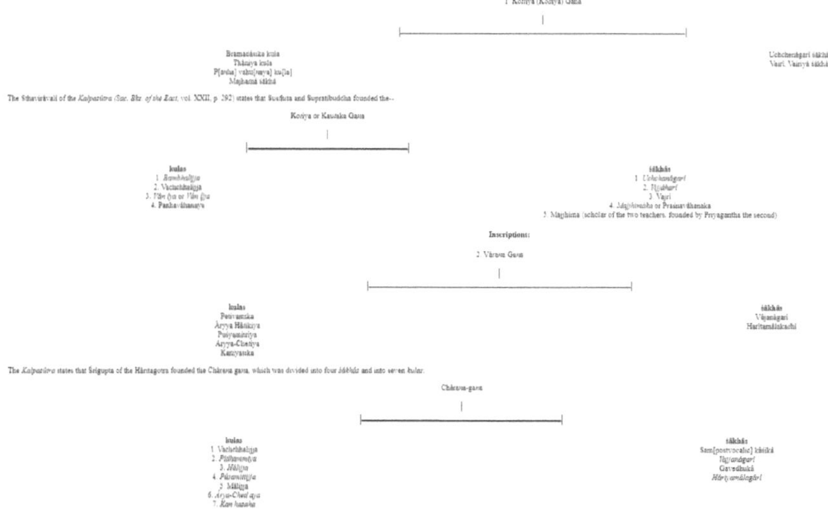

Inschriften:

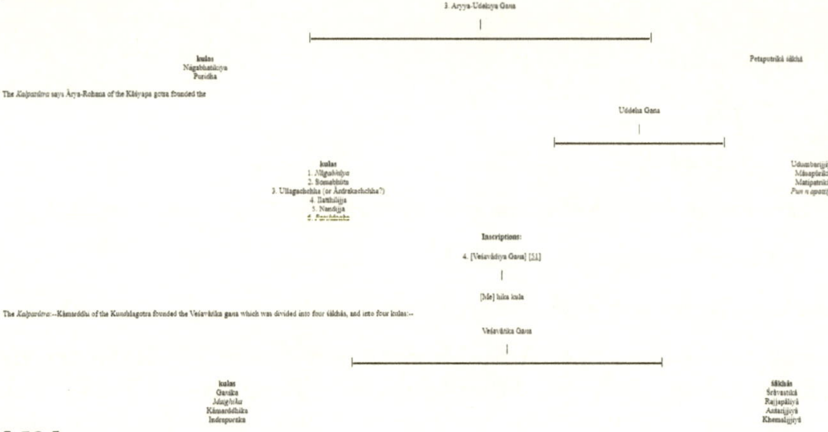

[52]

Die Ähnlichkeit der meisten dieser Namen ist so vollständig, dass keine Erklärung erforderlich ist.

Die indische Sekte der Jains

FUSSNOTEN

Fußnote 1 : In Anmerkungen zu den Jainas findet man häufig die Ansicht, dass die *Digambaras* nur zum Süden und die *Śvetâmbaras* zum Norden gehören. Dies ist keineswegs der Fall. Die ersteren sind im Panjâb, im östlichen Râjputâna und in den Nordwestprovinzen ebenso zahlreich, wenn nicht sogar noch zahlreicher als die letzteren und kommen hier und da auch im westlichen Râjputâna und Gujarât vor: siehe Indian Antiquary, *Bd* . VII, S. 28.

Fußnote 2 : Die Asketen niedrigeren Ranges, jetzt Pa *nd* it genannt, tragen heutzutage die Tracht des Landes. Die Bha *tt* âraka, die Oberhäupter der Sekte, hüllen sich meist in ein großes Tuch (*Chadr*). Sie legen es während der Mahlzeiten ab. Ein Schüler läutet dann eine Glocke als Zeichen dafür, dass der Zutritt verboten ist (*Ind. Ant.* loc. cit.). Wann der heutige Brauch erstmals entstand, lässt sich nicht feststellen. Aus der Beschreibung des chinesischen Pilgers Hiuen Tsiang (St. Julien, *Vie.* S. 224), der sie Li-hi nennt, geht hervor, dass sie zu Beginn des siebten Jahrhunderts n. Chr. noch ihren Prinzipien treu waren. „Die Li- Hallo (Nirgranthis) zeichnen sich dadurch aus, dass sie ihre Körper nackt lassen und sich die Haare ausreißen. Ihre Haut ist ganz rissig, ihre Füße sind hart und rissig: wie verrottende Bäume, die man in der Nähe von Flüssen sieht."

Fußnote 3 : Siehe unten .

Fußnote 4 : In den stereotypen Einleitungen zu den Predigten von Jina wird immer darauf hingewiesen, dass sie sich an Arier und Nichtarier richten. So heißt es im *Aupapâtika Sûtra* § 56. (Leumann) wie folgt: *tesim[postvokalisch] savvesim[postvokalisch] âr iyamanâriyanam[postvokalisch] agilâe dhammatm[postvokalisch] âikkhai* „allen diesen, Ariern und Nichtariern, lehrte er das Gesetz." unermüdlich". Diesem Grundsatz folgend sind Konversionen von Menschen niederer Kaste, wie Gärtnern, Färbern etc. auch heute noch keine Seltenheit. Auch Muhammadaner, die als Mlechcha gelten, werden in den Jaina-Gemeinschaften immer noch akzeptiert. Einige Fälle dieser Art wurden mir im Ah[postvocalic]madâbâd im Jahr 1876 als große Triumphe der Jainas mitgeteilt. Geschichten über die Bekehrung des Kaisers Akbar durch den Patriarchen Hîravijaya (*Ind. Antiq.* Bd. XI, S. 256) und über die Ausbreitung der Digambara-Sekte auf einer Insel Jainabhadri im Indischen Ozean (*Ind. Ant.* Bd . VII, S. 28) und in Arabien zeigen, dass die Jainas mit der Idee der Bekehrung von Nicht-Indern vertraut sind. Hiuen Tsiangs Notiz über das Erscheinen der Nirgrantha oder Digambara in Kiapishi (Beal, *Si-yu-ki* , Bd. I, S. 55) weist offenbar auf die Tatsache hin, dass sie zumindest im Nordwesten ihre Mission verbreitet hatten Aktivität über die Grenzen Indiens hinaus.

Fußnote 5 : Sogar die kanonischen Werke der Śvetâmbara, wie zum Beispiel das *Âchârâm[postvokalische] ga (Heilige Bücher des Ostens* , Bd. XXII, S. 88-186), enthalten Anweisungen für Nonnen. Es scheint jedoch, dass sie noch nie eine so wichtige Rolle gespielt haben wie im Buddhismus. Gegenwärtig bestehen die wenigen weiblichen Orden unter den Śvetâmbara ausschließlich aus jungfräulichen Witwen, deren Ehemänner im Kindesalter gestorben sind, bevor ihr gemeinsames Leben begann. Es ist nicht notwendig, die Aufnahme von Nonnen in die Śvetâmbara als Nachahmung der buddhistischen Lehre zu betrachten, da Frauen in einige der alten brahmanischen Orden aufgenommen wurden; siehe meine Notiz an *Manu* , VIII, 363, (*Sac. Bks. of the East* , Bd. XXV, S. 317). Unter den Digambaras wurde der Ausschluss von Frauen aus nicht weit entfernten Gründen gefordert. Als Grund dafür geben sie die Lehre an, dass Frauen nicht in der Lage seien, *das Nirvana zu erreichen* ; siehe Peterson, *Second Report* , in *Jour. Bom. Br. R. As. Soc.* Bd. XVII, S. 84.

Fußnote 6 : Die Titel Siddha, Buddha und Mukta sind von beiden Sekten sicherlich der Terminologie der Brâhmanen entlehnt , die sie schon in alten Zeiten zur Beschreibung der zu ihren Lebzeiten Geretteten verwendeten und in der Śaiviten-Lehre zur Beschreibung von a Geweihter, der auf dem Weg zur Erlösung ist. Ein Arhat ist unter den Brâhmanen *ein* Mann, der sich durch sein Wissen und sein frommes Leben auszeichnet (vgl. zum Beispiel Âpastamba, *Dharmasûtra.* I, 13, 13; II, 10, I.), und diese Idee kommt der des sehr nahe Buddhisten und Jainas, dass es durchaus als die Grundlage der letzteren angesehen werden kann. Die Bedeutung von Tîrthakara „Prophet, Gründer der Religion" leitet sich aus der brâhmanischen Verwendung von *tîrtha* im Sinne von „Lehre" ab. Komp. auch H. Jacobis Artikel über den Titel von Buddha und Jina, *Sac. Bücher des Ostens* . Bd. XXII, S. xix, xx.

Fußnote 7 : Ein Sâgara oder Sâgaropamâ von Jahren ist == 100.000.000.000.000 Palya oder Palyopama. Ein Palya ist ein Zeitraum, in dem ein mit feinen Härchen gefüllter Brunnen von einem oder, wie einige sagen, von hundert *Yojana* , dh von einer oder hundert geographischen

Quadratmeilen, geleert werden kann, wenn alle hundert ein Haar herausgezogen wird Jahre: Wilson, *Select. Werke*, Bd. Ich, S. 309; Colebrooke, *Essays*, Bd. II, S. 194. Hrsg. Cowell.

Fußnote 8 : Die Liste dieser Jinas finden Sie unten.

Fußnote 9 : Vollständigere Darstellungen finden sich in Colebrookes *Misc. Essays*. Bd. I, S. 404, 413, mit Cowells Anhang S. 444-452; Bd. II, S. 194, 196, 198-201; HH Wilson's *Select Works*, Bd. I, S. 297–302, 305–317; J. Stevenson, *Kalpasûtra*, S. xix-xxv; A. Barth, *Religions de l'Inde*, S. 84-91.

Fußnote 10 : Zum Jaina-Paradies siehe unten. Dr. Bühler scheint hier die *Alôka* oder Nichtwelt, „den Raum, in dem nur Dinge ohne Leben zu finden sind", mit dem Himmel der Siddhas verwechselt zu haben; aber das sind Lebewesen, die die Grenze überschritten haben

Fußnote 11 : Die Digambara-Sekte, zumindest in Südindien, scheint dabei nicht ganz so sorgfältig vorzugehen wie die Śvetâmbara in Westindien. – Ed.

Fußnote 12 : Zu den fünf großen Gelübden siehe das *Âchârâm[postvokalische] ga Sûtra*, II, 15: *SBE*. Bd. XXII, S. 202-210. Die Sanskrit-Begriffe der Jains sind: 1. *ahim[postvokalisch] sâ*, 2. *sûnrita*, 3. *asteya*, 4. *brahmâchârya*, 5. *aparigraha* ; die der brahmanischen Asketen: 1. *ahim[postvokalisch] sa*, 2. *satya*, 3. *asteya*, 4. *brahmâchârya*, 5. *tyâga*.

Fußnote 13 : In Bezug auf Askese, vgl. Leumann, *Aupapâtika Sûtra* § 30. Der Tod der Weisen durch Hunger wird beschrieben, Weber, *Bhagavatî Sûtra*, II, 266-267; Hoernle *Upâsakadaśa Sûtra*, S. 44-62; *Âchârâm[postvokalisch] ga Sûtra*, in *SBE*. Bd. XXII, S. 70-73. Bei den Digambara fallen diesem Schicksal in der Regel noch immer die Schulleiter zum Opfer. Sogar unter den Śvetâmbara kommen Fälle dieser Art vor, siehe K. Forbes, *Râs Mâlâ*, Bd. II, S. 331-332, oder 2. Aufl. S. 610-611.

Fußnote 14 : Ein Beispiel findet sich in Jacobis sorgfältigem Vergleich der Bräuche der brâhmanischen und jainaischen Asketen am Anfang seiner Übersetzung des *Âchârâm[postvokalischen] ga Sûtra, SBE*, Bd. XXII, S. xxi--

xxix. In Bezug auf den Hungertod von brahmanischen Einsiedlern und Sannyâsin siehe Âpastamba, *Dharmasûtra* , in SBE Bd. II, S. 154, 156, wo (IT, 22, 4 und II, 23, 2) es über die Büßer sagt, die den höchsten Grad der Askese erreicht haben: „Als nächstes wird er vom Wasser (dann) von der Luft leben, dann auf Äther".

Fußnote 15 : Das *Upâsakadasâ Sûtra* behandelt das richtige Leben der Laien, Hoernle, S. 11-37 (Bibl. Ind.), und Hemachandra, *Yogasûtra* , Prakâsa ii und iii; Windisch, *Zeitschrift der Deutschen Morg. Ges.* Bd. XXVIII, S. 226-246. Beide Gelehrte haben in den Anmerkungen zu ihren Übersetzungen auf die Beziehung zwischen den Geboten und Begriffen der Jainas und Buddhisten hingewiesen. Die Jainas haben eine große Anzahl von Regeln direkt aus den Gesetzbüchern der Brâhmanen *übernommen* . Die den Jaina-Laien verbotenen Berufe sind fast alle diejenigen, die das brâhmanische Gesetz dem Brâhmanen verbietet , der in Zeiten der Not wie ein Vaî śya lebt. Hemachandra, *Yogaśâstra* , III, 98–112 und *Upâsakadaśâ Sûtra* , S. 29–30, können mit Manu, X, 83–89, XI, 64 und 65 und den in der Zusammenfassung meiner Übersetzung zitierten Parallelpassagen verglichen werden (*SBE* Bd. XXV).

Fußnote 16 : Zum Jaina-Ritual siehe *Indian Antiquary* . Bd. XIII, S. 191–196. Die wichtigsten heiligen Orte oder Tirthas sind: Sameta Śikhara in Westbengalen, wo zwanzig der Jinas das Nirvana erreicht haben *sollen* ; Śatruñjaya und Girnâr in Kâthiâwâ sind R ishabhanâtha bzw. Neminâtha heilig *;* Chandrapuri, wo Vâsupûjya starb; und Pâwâ in Bengalen, wo Vardhamâna starb. – Ed.

Fußnote 17 : Letztere Behauptung findet sich im *Shad darśanasamuchchaya* Vers. 45, 77-78. Schon in der Kuhâon-Inschrift, die auf 460-461 n. Chr. datiert ist (*Ind. Antiq* . Bd. X, S. 126), wird den Jinas eine schöpferische Tätigkeit zugeschrieben . Dort werden sie *âdikartri,* die „ursprünglichen Schöpfer", genannt. Der Grund für die Entwicklung einer Anbetung unter den Jainas wurde erstmals richtig erkannt von Jacobi, *SBE* Vol. XXII, S. xxi. Der Jaina-Kult unterscheidet sich in einem wichtigen Punkt von dem der Buddhisten. Es erkannte keine Reliquienverehrung an.

Fußnote 18 : Eine vollständige Übersicht über das *Am[postvocalic] ga* und die ihm später beigefügten kanonischen Werke findet sich in A. Webers grundlegender Abhandlung über die heiligen Schriften der Jainas in den

Indischen Studien , Bd. XVI, SS. 211-479 und Bd. XVIII, SS. 1-90. Das *Âchârám[postvokalische] Ga* und das *Kalpasûtra* werden von H. Jacobi im *SBE* Vol. übersetzt. XXII und ein Teil des *Upâsakadasâ Sûtra* von R. Hoernle in der *Bibl. Ind.* Bei der Schätzung des Alters des *Am[postvocalic] ga* folge ich H. Jacobi, der die Frage *SBE* Vol. eingehend erörtert hat. XXII, S. xxxix-xlvii.

<u>**Fußnote 19**</u> : Die spätere Überlieferung der Jainas gibt für den Tod ihres Propheten die Daten 545, 527 und 467 v. Chr. an (siehe Jacobi, *Kalpasûtra* Einleitung, S. vii-ix und xxx). Keine der Quellen, in denen diese Ankündigungen erscheinen, ist älter als das 12. Jahrhundert n. Chr. Die neueste findet sich bei Hemachandra, der im Jahr 1172 n. Chr. starb. Letzteres ist sicherlich falsch, wenn die von den meisten Autoritäten akzeptierte Behauptung, dass Buddhas Tod zwischen den Jahren liegt 482 und 472 v. Chr. ist korrekt. Denn die buddhistische Tradition besagt, dass der letzte Jaina Tîrhakara zu Buddhas Lebzeiten starb (siehe S. 34).

<u>**Fußnote 20**</u> : Abgesehen von der schlecht unterstützten Annahme von Colebrooke, Stevenson und Thomas, wonach Buddha ein illoyaler Schüler des Gründers der Jainas war, gibt es die Ansicht von HH Wilson, A. Weber und Lassen und allgemein Bis vor fünfundzwanzig Jahren wurde angenommen, dass die Jainas eine alte Sekte der Buddhisten seien. Dies beruhte einerseits auf der Ähnlichkeit der Lehren, Schriften und Traditionen der Jainas mit denen der Buddhisten, andererseits auf der Tatsache, dass die kanonischen Werke der Jainas einen moderneren Dialekt aufweisen als die der Buddhisten, und dass authentische historische Beweise ihrer frühen Existenz fehlen. Ich selbst war früher von der Richtigkeit dieser Ansicht überzeugt und glaubte sogar, die Jainas in der buddhistischen Schule der Sammatîya zu erkennen. Bei einer genaueren Untersuchung der Jaina-Literatur, zu der ich aufgrund der in den siebziger Jahren für die englische Regierung durchgeführten Sammlung gezwungen war, stellte ich fest, dass die Jainas ihren Namen geändert hatten und in älteren Zeiten immer Nirgrantha oder Niga genannt wurden *Nicht* ha. Die Beobachtung, dass die Buddhisten den Niga *nt* ha anerkennen und von ihrem Oberhaupt und Gründer erzählen, dass er ein Rivale Buddhas war und in Pâvâ starb, wo der letzte Tîrthakara *Nirvân a erreicht haben soll* , veranlasste mich, die Ansicht zu akzeptieren, dass die Jainas und die Buddhisten entsprangen derselben religiösen Bewegung. Meine Vermutung wurde von Jacobi bestätigt, der durch einen anderen, von mir unabhängigen Kurs (siehe *Zeitschrift der Deutschen Morg. Ges.* Bd trägt den gleichen Namen wie bei den Buddhisten. Seit der Veröffentlichung unserer Ergebnisse im *Ind. Ant* . Bd. VII, S. 143 und in Jacobis Einleitung zu seiner Ausgabe des *Kalpasûtra,* die von Jacobi

mit großem Einfühlungsvermögen weiter verifiziert wurden, sind die Ansichten zu dieser Frage geteilt. Oldenberg, Kern, Hoernle und andere haben diese neue Sichtweise ohne zu zögern akzeptiert, während A. Weber (*Indische Studien* Bd. XVI, S. 240) und Barth (*Revue de l'Histoire des Religions* , Bd. III, S. 90) daran festhalten zu ihrem früheren Standpunkt. Letztere trauen der Jaina-Tradition nicht und halten es für wahrscheinlich, dass die darin enthaltenen Aussagen gefälscht sind. Es gibt sicherlich große Schwierigkeiten, eine solche Position zu akzeptieren, insbesondere die Unwahrscheinlichkeit, dass die Buddhisten die Tatsache vergessen haben, dass ihr verhasster Feind abtrünnig geworden ist. Unterdessen ist dies nicht absolut unmöglich, da der älteste erhaltene Jaina-Kanon seine erste authentische Ausgabe erst im fünften oder sechsten Jahrhundert n. Chr. hatte und es bislang an Beweisen dafür mangelt, dass die Jainas in der Antike eine feste Tradition besaßen. Der Glaube, dass ich in der Lage bin, dieses fehlende Glied in die Argumentationskette einzufügen, und die Hoffnung, die Zweifel meiner beiden verehrten Freunde auszuräumen, haben mich dazu veranlasst, eine zusammenhängende Darstellung der gesamten Frage zu versuchen, obwohl dies die Wiederholung von vielem bereits Gesagten erforderlich macht gesagt, und ist im ersten Teil fast ausschließlich eine Zusammenfassung der Ergebnisse von Jacobis Forschungen.

Fußnote 21 : Die Aussage, dass Vardhamânas Vater ein mächtiger König war, gehört zu den offensichtlichen Übertreibungen. Diese Behauptung wird durch andere Aussagen der Jainas selbst widerlegt. Siehe Jacobi, *SBE* Vol. XXII, S. xi-xii.

Fußnote 22 : Dr. Bühler hatte hier durch einen Ausrutscher „Magadha oder Bihâr".--JB

Fußnote 23 : Dies ist die Identifizierung von General Cunningham und eine wahrscheinliche. – Ed.

Fußnote 24 : Anmerkungen zu Mahâvîras Leben finden sich insbesondere in *Áchârâm[postvocalic] ga Sûtra* in *SBE* Vol. XXII, S. 84–87, 189–202; *Kalpasûtra,* ebenda. S. 217-270. Das Obige kann mit Jacobis Darstellung, ebenda, verglichen werden. S. x-xviii. wo die meisten Identifikationen der genannten Orte angegeben sind und *Kalpasûtra* eingeführt wird. P. ii. Wir müssen Dr. Hoernle für die wichtige Information danken, dass Vardhamânas Geburtsort Ku *nd* apura immer noch Vasukund heißt: *Upâsakadaśâ Sûtra* S.

4. Anmerkung 3. Die Informationen über die Spaltungen der Jainas werden von Lemmann in den *Indischen Studien* , Bd. gesammelt. XVII, S. 95 ff.

<u>Fußnote 25</u> : Das *Mahâparinibbân a Sutta* , in *SBE* . Bd. XI, S. 106.

<u>Fußnote 26</u> : Jacobi, *Zeitschrift der Deutschen. Morg. Ges.* Bd. XXXIV, S. 187; *Ind. Antiq.* Bd. IX, S. 159.

<u>Fußnote 27</u> : Jacobi, *Ind. Antiq.* Bd. IX, S. 159.

<u>Fußnote 28</u> : Jacobi, *loc. cit.* . P. 160, und Leumann, *Actes du Vlième Congrès Int. des Oder* . Sekte. Ary. P. 505. Da die Jaina-Berichte über die Lehren von Pârśva und die Existenz von Gemeinschaften seiner Schüler vertrauenswürdig klingen, können wir vielleicht mit Jacobi annehmen, dass sie auf einer historischen Grundlage beruhen.

<u>Fußnote 29</u> : Jacobi *loc. cit.* . P. 159-160.

<u>Fußnote 30</u> : Siehe zum Beispiel den Bericht im *Chullavagga* , in *SBE* . Bd. XX. P. 78-79; *Ind. Antiq.* Bd. VIII, S. 313.

<u>Fußnote 31</u> : Spence Hardy, *Manual of Budhism* , S. 225.

<u>Fußnote 32</u> : *SBE* . Bd. XVII, S. 108-117.

<u>Fußnote 33</u> : Die Passage stammt im Original von Oldenberg, *Leitsch. der D. Morg. Ges* . Bd. XXXIV, S. 749. Seine Bedeutung im Zusammenhang mit der Jaina-Tradition hinsichtlich ihrer Spaltungen wurde bisher übersehen. Es ist auch unbemerkt geblieben, dass die Behauptung, dass Vardhamâna zu Buddhas Lebzeiten gestorben sei, beweist, dass die letzte von Überlieferungen gegebene Darstellung dieses Ereignisses aus dem Jahr 467 v. Chr. falsch ist: Spätere buddhistische Legenden (Spence Hardy, Manual of Budhism, S. 266-271) behandeln von Nâtaputtas Tod ausführlicher. In einem ausführlichen Bericht nennen sie als Ursache dafür den Abfall eines

seiner Schüler, Upâli, der von Buddha bekehrt wurde. Nachdem er zum Buddhismus übergegangen war, behandelte Upâli seinen früheren Meister mit Verachtung und maß sich an, ein Gleichnis zu erzählen, das die Torheit derer beweisen sollte, die an falsche Lehren glaubten. *Daraufhin* geriet der Nigant in Verzweiflung. Er erklärte, sein Almosengefäß sei zerbrochen, seine Existenz sei zerstört, er ging nach Pâva und starb dort. Dieser Rechnung und ihren Einzelheiten kommt selbstverständlich keine Bedeutung zu. Sie sind offenbar das Ergebnis von Sektenhass.

Fußnote 34 : Nach Jacobis Vermutung, *SBE* . Bd. XXII, S. xvi, der Fehler wurde durch den einzigen Schüler von Vardhamâna verursacht, der seinen Meister überlebte, nämlich Sudharman, der ein Âgniveśyâyana war.

Fußnote 35 : Zur oben erwähnten Geschichte von Sîha siehe Spence Hardy, *Manual of Budhism* , S. 226, 266, und Jacobi, *Ind. Antiq*. Bd. VIII, S. 161

Fußnote 36 : Beal, *Si-yu-ki.* Bd. II, S. 168.

Fußnote 37 : Turnour, *Mahâvam[postvocalic] sa* , S. 66-67 und S. 203, 206: *Dîpavan[g]sa* XIX 14; komp. auch Kern, *Buddhismus* , Bd. I, S. 422. In der ersten Passage im *Mahâvam[postvocalic] sa werden* drei Nigha *ntas* namentlich vorgestellt: Jotiya, Giri und Kumbha *nd* a. Die Übersetzung macht den ersten fälschlicherweise zum Brâhma *n* und Chefingenieur.

Fußnote 38 : Siehe Senart, *Inscriptions de Piyadasi* , Tom. II, S. 82. Hrsg. VIII, l. 4. Meine Übersetzung unterscheidet sich in einigen Punkten von der Senarts, insbesondere in Bezug auf die Konstruktion. Konf. *Epigraphia Indiaa* , vol. II, S. 272f.

Fußnote 39 : Siehe *Ind. Antiquary* , vol. XX, S. 361 ff.

Fußnote 40 : Die Bedeutung dieser Inschriften, von denen früher angenommen wurde, dass sie buddhistisch seien, wurde erstmals durch die sorgfältige Diskussion von Dr. Bhangvânlâls Indrâji in den *Actes du Vlième Congrès Internat* klargestellt . *des Orientalistes* Sekte. Ary. S. 135-159. H; erkannte zunächst die wahren Namen des Königs Khâravela und

seiner Vorgänger und zeigte, dass Khâravela und seine Frau Gönner der
Jainas waren. Ihm ist die Information zu verdanken, dass die Inschrift eine
Datierung in die Maurya-Ära enthält. Ich habe seinen ausgezeichneten
Artikel in der *Oesterreichischen Monatsschrift*, Bd. ausführlich besprochen. X, S.
231 ff. und habe dort meine Gründe dargelegt, warum ich in einem wichtigen
Punkt von ihm abweiche, nämlich dem Datum des Beginns der Maurya-Ära,
die seiner Ansicht nach mit der Eroberung von Kalim[postvocalic] ga durch
Aśoka um 255 v. Chr. beginnt Ich halte es für unmöglich zu akzeptieren, dass
der Ausdruck „im 165. Jahr der Ära der Maurya-Könige" etwas anderes
bedeuten kann, als dass zwischen dem dreizehnten Jahr der Herrschaft von
Khâravela und der Salbung von Khâravela 164 Jahre vergangen sind der erste
Maurya-König Chandrugupta. Leider ist es unmöglich, das Jahr des
letztgenannten Ereignisses zu bestimmen, oder genauer zu sagen, dass es
zwischen den Jahren 322 und 312 v. Chr. stattfand. Das in Khâravelas
Inschrift angegebene Datum kann daher nicht genauer bestimmt werden, als
dass es zwischen 156 und 147 v. Chr. liegt Ich füge nun zu meinen früheren
Bemerkungen hinzu, dass Appelle an den Arhat und Siddha auch in Jaina-
Inschriften aus Mathurâ vorkommen und als ein gewisses Zeichen der Sekte
angesehen werden können. Daher ist es bemerkenswert, dass Kalinga bereits
zu Hiuen Tsiangs Zeiten (Beal, *Si-yu-ki*, Bd. II, S. 205) einer der Hauptsitze
der Jainas war.

Fußnote 41 : Auch diese Inschrift wurde erstmals von Dr. Bhagwanlal
Indiaji, *loc., bekannt gemacht. zit* . P. 143.

Fußnote 42 : Dr. Bühlers lange Anmerkung (S. 48) zu diesen Inschriften
wurde später in der *Wiener Zeitschrift für die Kunde des Morgenlandes* Bd. erweitert.
I, S. 165-180; Bd. II, S. 141-146. Bd. III, S. 233-240; und Bd. IV, S. 169-173.
Die Argumentation dieser Arbeiten ist im Anhang zusammengefasst. A, S.
48 ff. – Ed.

Fußnote 43 : Siehe die oben in Fußnote I, S. 1 zitierten Stellungnahmen von
Weber und Barth. 23.

Fußnote 44 : Was folgt, stammt aus dem späteren und ausführlicheren
Aufsatz des Autors in der *Wiener Zeitschrift für die Kunde des Morgenlandes* , Bd.
I, S. 170 f., aber gekürzt.--Hrsg.

Fußnote 45 : Das Wort *Nirvartana* hat die Bedeutung „im Gehorsam gegenüber dem Befehl" oder „infolge der Bitte". Es kommt unten in der Prakrit-Form *nivatanam [postvokalisch] erneut* vor, in Nr. 10 (Taf. xiv) und stand in Nr. 4 und am Ende von l. 2 von Nr. 7, wo das Reiben *Nirva hat* . Es ist auch im nächsten zu finden: *Arch. Sur. Rep.* vol. XX, pl. v, Nr. 6.

Fußnote 46 : Wenn ich die erste Zahl als 60 lese, folge ich Sir A. Cunningham. Ich habe das Schild noch nie in einer anderen Inschrift gesehen. Die Zeichen der Inschrift sind so archaisch, dass sich dieses Datum möglicherweise auf eine frühere Epoche als die Indo-Skythen bezieht.

Fußnote 47 : *Sac. Bks. Osten* , Bd. XXII S. 292.

Fußnote 48 : *SB* E. Bd. XXII, S. 288, Anmerkung 2.

Fußnote 49 : *Wiener Zeitshe. fd Kunde der Morgenl.* , Bd. II, S. 142 f.

Fußnote 50 : Zu einem späteren Zeitpunkt fügte Dr. Bühler weitere Beweise aus Inschriften für die Echtheit der Jaina-Tradition hinzu, im *Vienna Oriental Journal* , Bd. II, S. 141-146; Bd. III, S. 233–240; Bd. IV, S. 169–173, 313–318; Bd. V, S. 175-180; und in *Epigraphia Indica* , Bd. I S. 371-397; Bd. II, S. 195-212, 311. Die oben angegebenen Absätze stammen hauptsächlich aus seinem ersten Aufsatz im *Vienna Oriental Journal* (Band I, S. 165-180), der eine erweiterte Überarbeitung der langen Fußnote im Vienna Oriental Journal zu sein scheint Originalarbeit über die Jainas, aber sie ist hier stellenweise aufgrund von Lesungen in seinen späteren Arbeiten korrigiert.--JB

Fußnote 51 : *Epigraphia Indica* , vol. I, S. 382, 388.

Fußnote 52 : Für die obigen Listen siehe *Wiener Zeitschi* . Bd. IV, S. 316 ff. und *Kalpasûtra* in *SBE* vol. XXII, S. 290 f.

JAINA-MYTHOLOGIE.

Die Mythologie der Jainas umfasst zwar viele der hinduistischen Gottheiten, denen sie sehr untergeordnete Positionen zuweist, ist jedoch in ihrer Zusammensetzung völlig anders. Es hat den Anschein eines rein konstruierten Systems. Die Götter werden klassifiziert und in Ordnungen, Gattungen und Arten unterteilt; Alle sind sterblich, ihr Alter und ihr Aufenthaltsort sind festgelegt und sie zeichnen sich meist durch Erkenntnisse wie *chihnas* oder *lâñchhan aus* . Ihre Tîrthakaras, Tìrthamkaras oder vollendeten Heiligen werden gewöhnlich als 24 Heilige bezeichnet, die dem gegenwärtigen Zeitalter angehören. Aber die Mythologie berücksichtigt auch ein vergangenes und ein zukünftiges Zeitalter oder eine Erneuerung der Welt, und jedem dieser Äonen werden vierundzwanzig Tîrthakaras zugeordnet. Aber das ist noch nicht alles: In ihrer Kosmogonie legen sie neben Jambûdvîpa-Bharata oder dem, in dem wir leben, andere Kontinente fest. Diese sind von Jambûdvîpa durch unpassierbare Meere getrennt, gleichen ihm aber in jeder Hinsicht genau und werden Dhâtuki-kanda und Pushkarârddha genannt; und von jeder dieser gibt es östliche und westliche Bharata- und Airāvata-Regionen, während es von Jambûdvîpa auch eine Bharata- und eine Airāvata-Region gibt: Diese bilden die folgenden zehn Regionen oder Welten:--

1. Jambûdvîpa-bharata-kshetra.
2. Dhâtukî-kha *und* ein Pûrva-Bharata.
3. Dhâtukî-kha *und* ein Paśchima-bharata.
4. Pushkarârddha pûrva-bharata.5. Pushkaravaradvîpa paśchima-bharata.6. Jambûdvîpa airâvata-kshetra.7. Dhâtukî-kha *und* ein Pûrva-Airâvata.
8. Dhâtukî-kha *und* ein paśchima-airāvata.
9. Pushkarârdhadvîpa pûrva-airâvata.10. Puskarârddha paśchima-airâvata.

Jedem von ihnen sind vierundzwanzig vergangene, gegenwärtige und zukünftige Atîts oder Jinas zugeordnet, was insgesamt 720 dieser Klasse ergibt, für die sie Namen erfunden haben: aber es sind nur Namen. [1]

Über die Tîrthakaras des gegenwärtigen Zeitalters oder *Avasarpini* im Bharata-Varsha von Jambûdvîpa werden uns jedoch winzige Details mitgeteilt: ihre Namen, Eltern, Stationen, angeblichen Altersstufen, Hautfarben, Begleiter, Kenntnisse (chihna) *oder* Eigenschaften usw . und diese Details sind nützlich für die Erklärung der Ikonographie, die wir in den Schreinen der Jaina-Tempel antreffen. Dort sind die Bilder der Tîrthakaras auf hochskulpturierten Thronen platziert und von anderen kleineren Begleitfiguren umgeben. In Tempeln der Śvetâmbara-Sekte bestehen die Bilder im Allgemeinen aus Marmor – in den meisten Fällen weiß, bei Bildern aus dem 19., 20., 22. und 23. Jinas jedoch oft schwarz. Auf der Vorderseite des Throns oder *der Asana* sind normalerweise drei kleine Figuren geschnitzt: Rechts neben der Jina befindet sich eine männliche Figur, die den Yaksha-Betreuer oder Diener dieser bestimmten Jina darstellt; am linken Ende des Throns befindet sich die entsprechende Frau – oder Yakshinî, Yakshî oder Śâsanadevî; während sich in einer Tafel in der Mitte oft ein weiteres Devî befindet. An der Unterseite des Sitzes sind ebenfalls neun sehr kleine Figuren platziert, die die *Navagraha* oder neun Planeten darstellen; Das sind Sonne, Mond, fünf Planeten sowie aufsteigende und absteigende Knoten.

In den Jaina *Purânas* werden Legenden über die Verbindung der Yakshas und Yakshîs mit ihren jeweiligen Tîrthakaras angeführt: So haben wir im Fall von Pârśvanâtha eine Geschichte von zwei Brüdern, Marubhûti und Kama t ha, die es in acht aufeinanderfolgenden *Inkarnationen* gab immer Feinde und wurden schließlich als Pârśvanâtha bzw. Sambaradeva geboren. Ein Pascha *und* ein Ungläubiger, der sich am *Panchâgni-* Ritus beteiligte, schnitten, als er gegen den Protest von Pârśvanâtha einen Baum für sein Feuer fällte, zwei darin befindliche Schlangen in Stücke; die Jina erweckten sie jedoch durch das *Pañchamantra zum Leben* . Sie wurden dann in Pâtâla-loka als Dhara *n* endra oder Nâgendra-Yaksha und Padmâvatî-Yakshi *nî* wiedergeboren . Als Sambaradeva oder Meghakumâra später den Arbat mit einem großen Sturm angriffen, während er mit der *Kâyotsarga-* Entbehrung beschäftigt war – stand er unbeweglich und dem Wetter ausgesetzt –, ähnlich wie Mâra Śâkya Buddha in Bodh-gayâ, dem Thron von Dhara *n* Endra, angriff in Pâtâla erbebte daraufhin, und der Nâga oder Yaksha eilte mit seiner Gemahlin sofort zum Schutz seines ehemaligen Wohltäters. Dhara *n* endra breitete seine vielen Kapuzen über dem Kopf des Arhata aus und der Yakshm [postvokalische] î Padmâvatî hielt zum Schutz einen weißen Regenschirm (*śveta chhatri*) *über ihn*. Seitdem wurden sie zu seinen ständigen Begleitern, so wie Śakra es für Buddha war. Die Legende wird oft in alten Skulpturen, in den Höhlentempeln von Bâdâmi, Elura usw. dargestellt, und die Figur von Pârśva ist im Allgemeinen mit den Schlangenhauben (Śeshaphan i) *über* ihm geschnitzt. [2]

Andere Legenden berichten von der Bindung jedes Paares von Śâsanadevatâs an ihre jeweiligen Jinas.

Die Śvetâmbaras und Digambaras stimmen im Allgemeinen in den Details bezüglich der verschiedenen Tîrthakaras überein; aber den von Maisur gelieferten Informationen zufolge scheinen sie sich hinsichtlich der Namen der Yakshi zu unterscheiden, *die* den verschiedenen Tîrthakaras zugeordnet sind, mit Ausnahme der ersten und letzten beiden; Sie unterscheiden sich auch in den Namen mehrerer Jinas vergangener und zukünftiger Äonen. Die Digambaras rekrutieren die meisten der sechzehn Vidyâdevis oder Göttinnen des Wissens unter den Yakshi *nîs* , während die andere Sekte kaum ein Drittel von ihnen umfasst.

Diese Vidyâdevîs, wie sie von Hemachandra gegeben wurden, sind: (1) Rohi *nî* ; (2) Prajñaptî; (3) Vajrasr iṅkhalâ; (4) Kuliśânkuścâ – wahrscheinlich das Ankuśa-Yakshî des 14. Jina von Śvetàmbâra; (5) Chakreśvarî; (6) Naradattâ oder Purushadattâ; (7) Kâli oder Kâlîkâ; (8) Mahákâlî; (9) Gaurî; (10) Gândhârî; (11) Sarvâstramahâjvâlâ; (12) Mânavî; (13) Vairo *t* yâ; (14) Achchhuptâ; (15) Mânasî; und (16) Mahâmânasikâ.

Die Bilder der Tîrthakaras werden immer mit vorn gekreuzten Beinen sitzend dargestellt, wobei die Zehen des einen Fußes eng auf dem Knie des anderen ruhen; und die rechte Hand liegt über der linken im Schoß. Alle werden genau gleich dargestellt, außer dass Pârśvanâtha, der dreiundzwanzigste, die Schlangenhauben über sich trägt; und neben den Digambaras hat Supârśva – die siebte – auch eine kleinere Gruppe von Schlangenhauben. Die Digambara-Bilder sind alle ziemlich nackt; diejenigen der Śvetâmbaras werden als bekleidet dargestellt und mit Kronen und Ornamenten geschmückt. Sie unterscheiden sich voneinander durch ihre zugehörigen *Yakshas* und *Yakshin îs* sowie durch ihre jeweiligen *Chihnas* oder Erkenntnisse, die in das Kissen des Throns eingraviert sind.

Alle Jinas werden der Ikshvâku-Familie (*kula*) zugeschrieben, mit Ausnahme des zwanzigsten Munisuvrata und des zweiundzwanzigsten Neminâtha, die der Harivam-Rasse (postvokalisch) śa angehörten.

Alle erhielten *Dîkshà* oder Weihe an ihren Heimatorten; und alle erlangten gleichzeitig *jñâna oder vollständige Erleuchtung, mit Ausnahme von R ishabha, der in Purimatàla ein Kevalin wurde* , Nemi in Girnâr und Mahâvîra am Fluss Rijupàlukà; und zwanzig von ihnen starben oder erlangten *Moksha* (Erlösung in Glückseligkeit) auf Sameta-Śikhara oder dem Berg Pârśvanâtha im Westen von Bengalen. Aber Rishabha, der erste, starb am Ash *tâpada* – angeblich Śatruñljaya in Gujarât; Vâsupûjya starb in Champâpuri in Nordbengalen; Neminâtha auf dem Berg Girnâr; und Mahâvîra, der letzte, in Pâvâpur.

Einundzwanzig der Tîrthakaras sollen Moksha in der Kâyotsarga-Haltung (Guj. *Kâüsagga*) und Rishabha, Nemi und Mahâvira auf dem *Padmâsana* oder Lotusthron erreicht haben.

Der Kürze halber werden die folgenden Einzelheiten für jeden Arhat unten in fortlaufender Reihenfolge aufgeführt, nämlich:--

1. Das *Vimâna* oder *Vâhana* (Himmel), von dem er zur Inkarnation herabstieg.
2. Geburtsort und Ort der Weihe oder *Dîkshâ* .
3. Namen von Vater und Mutter.4. Teint.5. Erkenntnis – *chihna* oder *lâñchhan a* .
6. Höhe; und7. Alter: 8. Dîksha-vriksha oder Bodhi-Baum.9. Yaksha und Yakshi *nî* oder begleitende Geister.

10. Erster Ganadhara oder führender Schüler und erster Âryâ oder Anführer der weiblichen Konvertiten.

I. R ishabhadeva, Vr ishabha, Âdinthâ oder Adiśvara Bhagavân:--(I) Sarvârthasiddha; (2) Vinittanagarî in Kośalâ und Purimatâla; (3) Nâbhîrâjâ von Marudevâ; (4) golden-- *varn a* -, (5) der Stier,-- *vr isha, balada;* (6) 500 Stangen oder *Dhanusha* ; (7) 8.400.000 Pûrva oder große Jahre; (8) der Va *t* a- oder Banyanbaum; (9) Gomukha und Chakreśvarî; (10) Pundarîka und Brahmî.

II. Ajitanâtha: (1) Vijayavimàna; (2) Ayodhyâ; (3) Jitaśatru von Vijayâmâtâ; (4) golden; (5) der Elefant – *Gaja* oder *Hasti* ; (6) 450 Pole; (7)7.200.000 Pûrva-Jahre; (8) Śâla – die Shorea robusta; (9) Mahâyaksha und Ajitabalâ: Bei den Digambaras ist das Yakshi *nî Rohi nî* -yakshî; (10) Śim[postvocalic] hasena und Phâlgu.

III. Sambhavanâtha: (1) Uvarîmagraiveka; (2) Sâvathi oder Śràvasti; (3) Jitâri von Senâmâtâ; (4) golden; (5) das Pferd,-- *aśva, ghod a* ; (6) 400 Pole; (7) 6.000.000 Pûrva-Jahre; (8) die Prayâla – Buchanania latifolia; (9) Trimukha und Duritârî (Digambara – Prajñaptî); (10) Châru und Śyâmâ.

IV. Abhinandana: (1) Jayantavimâna; (2) Ayodhyâ; (3) Sambararâjâ von Siddhârthà; (4) golden; (5) der Affe: *plavaga, vânara* oder *kapi* ; (6) 350 Pole; (7) 5.000.000 Pûrva-Jahre; (8) das Priya *n* gu oder Panicum italicum; (9) Nàyaka und Kâlîkâ und Digambara – Yaksheśvara und Vajraśr im[postvokalischen] khalâ; (10) Vajranâbha und Ajitâ.

V. Sumatinâtha: (1) Jayantavimâna; (2) Ayodhyâ; (3) Megharajâ von Mam[postvocalic] galâ; (4) golden; (5) der Brachvogel, – *kraum[postvokalisch] cha* , (Dig. *chakravakapâkshâ* – der Brâhmani oder die rote Gans); (6) 300 Pole; (7) 4.000.000 Pûrva-Jahre; (8) Śâla-Baum; (9) Tum[postvocalic] buru und Mahâkalî (Dig. Purushadattâ); (10) Charama und Kâśyapî.

VI. Padmaprabha: (1) Uvarîmagraiveka; (2) Kauśambi; (3) Śrîdhara von Susîmâ; (4) rot (*rakta*); (5) eine Lotusknospe – *Padma, Abja* oder *Kamala* ; (6) 250 Pole; (7) 3.000.000 Pûrva-Jahre; (8) das Chhatrâ – (Anethum sowa?); (9) Kusuma und Śyâmâ (Dig. Manovegâ oder Manoguptî); (10) Pradyotana und Ratî.

VII. Supârśvanâtha: (1) Madhyamagraiveka; (2) Varâ *n* aśî; (3) Pratish *t* harâjâ von Pr ithvî; (4) golden; [3] (5) das Hakenkreuzsymbol; (6) 200 Pole; (7) 2.000.000 Pûrva-Jahre; (8) die Śirîsha oder Acacia sirisha; (9) Mâtam[postvokalisch] ga und Śântâ; – Digambara, Varanandi und Kâlî; (10) Vidirbha und Somâ.

VIII. Chandraprabha: (1) Vijayanta; (2) Chandrapura; (3) Mahâsenarâjâ von Lakshma *n* â; (4) weiß – *dhavala, śubhra* ; (5) der Mond – *chandrâ oder śaśî* ; (6)

150 Pole; (7) 1.000.000 Pûrva-Jahre; (8) der Nâga-Baum; (9) Vijaya und Bhr iku *tî* : Digambara-Śyâma oder Vijaya und Jvâlâmâlinî; (10) Dinnâ und Sumanâ.

IX. Suvidhinâtha oder Pushpadanta: (1) Ânatadevaloka; (2) Kâna *und* înagarî; (3) Sugrîvarâja von Râmârâ *nî* ; (4) weiß; (5) die Makara (Dig. die Krabbe – *êd i*); (6) 100 Pole; (7) 200.000 Pûrva-Jahre; (8) die Śâlî; (9) Ajitâ und Sutârakâ: Digambara – Ajitâ und Mahâkâlî oder Ajitâ; (10) Varâhaka und Vâru *nî* .

X. Śitalanâtha: (1) Achyutadevaloka; (2)Bhadrapurâ oder Bhadilapura; (3) Dr. 1 *d* haratha-râjâ von Nandâ; (4) golden; (5) die Śrîvatsa-Figur: (Dig. *Śri-vriksha*, der Ficus religiosa); (6) 90 Pole; (7) 100.000 Pûrva-Jahre; (8) der Priyam[postvokalische] Gu-Baum; (9) Brahmâ und Aśokâ (Dig. Mânavî); (10) Nandâ und Sujasâ.

XI. Śreyâm[postvokalisch] śanâtha oder Śreyasa: (1) Achyutadevaloka; (2) Sim[postvokalisch] hapurî; (3) Vish *n* urâjâ von Vish *n* â; (4) golden; (5) das Nashorn – *khad ga, gem[postvokalisch] d â* : (Dig. Garu *d* a); (6) 80 Pole; (7) 8.400.000 gemeinsame Jahre; (8) der Ta *nd* uka-Baum; (9) Yakshe *t* und Mânavî: Digambara--Îśvara und Gauri; (10) Kaśyapa und Dhâra *nî* .

XII. Vâsupûjya: (1) Prâ *n* atadevaloka; (2) Champâpurî; (3) Vasupûjya von Jayâ; (4) rötlich – *rakta* , Guj. *râtum[postvokalisch]* ; (5) der weibliche Büffel – *mahishî, pâdâ* ; (6) 70 Pole; (7) 7.200.000 gemeinsame Jahre; (8) die Pâ *t* ala oder Bignonia suaveolens; (9) Kumâra und Cha *nd* â (Dig. Gândhârî); (10) Subhuma und Dhara *nî* .

XIII. Vimalanâtha: (1) Mahasâradevaloka; (2) Kampîlyapura; (3) Kr 1tavarmarâja von Śyâmâ; (4) golden; (5) ein Eber – *śâkara, varâha* ; (6) 60 Pole; (7) 6.000.000 Jahre; (8) die Jâmbu oder Eugenia jambolana; (9) Shâ *n* mukha und Viditâ (Dig. Vairô *t* î); (10) Mandara und Dharâ.

XIV. Anantanâtha oder Anantajit: (1) Prâ *n* atadevaloka; (2) Ayodhyâ; (3) Sim[postvocalic] hasena von Suyaśâh[postvocalic] oder Sujasâ; (4) golden; (5) ein Falke – *śyena* (Dig. *bhallûka* ein Bär); (6) 50 Pole; (7) 3.000.000 Jahre; (8) die Aśoka oder Jonesia asoka; (9) Pâtâla und Ankuśâ (Dig. Anantamatî); (10) Jasa und Padmâ.

XV. Dharmanâtha: (1) Vijayavimâna; (2) Ratnapurî; (3) Bhânurâjâ von Suvritâ; (4) golden; (5) der Blitz – *Vajra* ; (6) 45 Pole; (7) 1.000.000 Jahre; (8) Dadhîpar *n* ein Baum (Clitoria ternatea?); (9) Kinnara und Kandarpâ (Dig. Mânasî); (10) Arish *t* a und Ârthaśivâ.

XVI. Śântinâthâ: (1) Sarvârthasiddha; (2) Gajapura oder Hastinapurî; (3) Viśvasena von Achirâ; (4) golden; (5) eine Antilope – *mr iga, haran a, hullĕ* , (6)40 Pole; (7) 100.000 Jahre; (8) die Nandî- oder Cedrela-Toona; (9) Garu *d* a und Nirvâ *n* î (Dig. Kimpurusha und Mahâmânasî); (10) Chakrâyuddha und Suchî.

XVII. Kunthtinâtha: (1) Sarvârthasiddha; (2) Gajapura; (3) Sûrarâjâ von Śrîrânî; (4) golden; (5) eine Ziege – *chhâga* oder *aja* ; (6) 35 Pole; (7) 95.000 Jahre; (8) der Bhilaka-Baum; (9) Gandharva und Balâ (Dig. Vijayâ); (10) Sâmba und Dâminî.

XVIII. Aranâtha: (1) Sarvârthasiddha; (2) Gajapura; (3) Sudarśana von Devîrâ *nî* ; (4) golden; (5) das Nandyâvarta-Diagramm (Dig. *Mina* – der Tierkreis Fische); (6) 30 Pole; (7) 84.000 Jahre; (8) Âmbâ oder Mangobaum; (9) Yakshe *t* a und Dha *n* â (Dig. Kendra und Ajitâ); (10) Kumbha und Rakshitâ.

XIX. Mallinâtha: (1) Jayantadevaloka; (2) Mathurâ; (3) Kumbharâjâ von Prabhâvatî; (4) blau-- *nîla* ; (5) ein Glas – *kumbham, kalaśa* oder *ghat a* ; (6) 25 Pole; (7) 55.000 Jahre; (8) Aśoka-Baum; (9) Kubera und Dhara *n* apriyâ (Dig. Aparâjitâ); (10) Abhikshaka und Bandhumatî.

XX. Munisuvrata, Suvrata oder Muni: (1) Aparâjita-devaloka; (2) Râjagr iha; (3) Sumitrarâjâ von Padmâvatî; (4) schwarz – *śyâma, asita* ; (5) eine Schildkröte – *kûrma* ; (6) 20 Pole; (7) 30.000 Jahre; (8) der Champaka, Michelia champaka; (9) Varu *n* a und Naradattâ, (Dig. Bahurûpi *n* î); (10) Malli und Pushpavatî.

XXI. Naminâtha, Nimi oder Nimeśvara: (1) Prâ *n* atadevaloka; (2) Mathurâ; (3) Vijayarâjâ von Viprârâ *nî* ; (4) gelb; (5) die blaue Seerose – *nîlotpala* , mit den Digambaras, manchmal dem Aśoka-Baum; (6) 15 Pole; (7) 10.000 Jahre; (8) die Bakula oder Mimusops elengi; (9) Bhr iku *t* i und Gandhârî, (Dig. Châmu *nd* î); (10) Śubha und Anilâ.

XXII. Neminâtha oder Arish *t* anemi: (1) Aparâjita; (2) Sauripura (Prákrit – Soriyapura) und Ujjinta oder Berg Girnâr; (3) Samudravijaya von Śivâdevi; (4) schwarz – *śyâma* ; (5) eine Muschel,-- *śam[postvokalisch] kha* ; (6) 10 Pole; (7) 1000 Jahre; (8) die Ve *t* asa; (9) Gomedha und Ambikâ: mit den Digambaras, Sarvâh *n* a und Kûshmâ *nd* inî; (10) Varadatta und Yakshadinnâ.

XXIII. Pârśvanâtha: (1) Prâ *n* atadevaloka; (2) Varâ *n* asî und Sameta-Śikhara; (3) Aśvasenarâja von Vâmâdevî; (4) blau-- *nîla* ; (5) eine Schlange – *Sarpa* ; (6) 9 Hände; (7) 100 Jahre; (8) die Dhâtakî oder Grislea tomentosa; (9) Pârśvayaksha oder Dhara *n* endra und Padmâvatî; (10) Âryadinna und Pushpachû *dâ* .

XXIV. Śri-Mahâvîra, Vardhamâna oder Vîra, das Śrama *n* a: (1) Prâ *n* atadevaloka; (2) Ku *nd* agrâma oder Chitrakû *t* a und Rijupâlukâ; (3) Siddhârtharâja, Śreyânśa oder Yaśasvin von Triśalâ Vidchadinnâ oder Priyakâri *nî* ; (4) gelb; (5) ein Löwe – *keśarî-simha* ; (6) 7 Hände oder Ellen; (7) 72 Jahre; (8) der *śala-* oder Teakbaum; (9) Mâtam[postvokalisch] ga und Siddhâyikâ; (10) Indrabhûti und Chandrabâlâ.

Die Tîrthakuras können als die *dii Majores* der Jainas angesehen werden, [4] obwohl sie, nachdem sie Siddhas geworden und von allen Sorgen befreit sind, kein Interesse an weltlichen Angelegenheiten haben können. Sie und solche Wesen, die angeblich die Vollkommenheit erreicht haben, werden in fünfzehn Arten eingeteilt:

1. Tîrthakarasiddhas;
2. Atîrthakarasiddhas;3. Tîrthasiddhas;4. Svalim[postvokalisch] gasiddas;
5. Anyalim[postvokalische] Gasiddhas;
6. Strilim[postvokalische] gasiddhas;7. Purushalim[postvokalisch] gasiddhas;8. Napum[postvokalisch] sakalim[postvokalisch] gasiddhas;9. Gr ihalim[postvokalisch] gasiddhas;10. Tîrthavyavachchhedasiddhas;11. Pratyekabuddhasiddhas;12. Svayambuddhasiddhas;13. Ekasiddas;14. Anekasiddhas;15. Buddhabodhietasiddllas.[5]

Aber die Götter sind in vier Klassen eingeteilt und jede Klasse in mehrere Ordnungen: Die vier Klassen sind:--

I. Bhavanâdhipatis, Bhavanavâsins oder Bhaumeyikas, von denen es zehn Ordnungen gibt, nämlich--

1. Asurakumâras;
2. Nâgakumâras;3. Ta *d* itkumâras oder Vidyutkumâras;
4. Suvar *n* a- oder Suparnaka-kumâras;
5. Agnikumâras;6. Dvîpakumâras (Dîvakumâras);7. Udadhikumâras;8. Dikkumâras;9. Pavana- oder Vâta-kumâras;10. Gha *n* ika- oder Sanitakumâras.

II. Vyantaras oder Vâ *n* amantaras, die in Wäldern leben, gehören zu acht Klassen:

1. Piśâchas;
2. Bhûtas;3. Yakshas;4. Râkshasas;5. Kimnaras;6. Kimpurushas;7. Mahoragas;8. Gandharvas.

III. Die Jyotishkas sind die Bewohner von;

1. Chandras oder die Monde;
2. Sûryas oder die Sonnen;3. Grahas oder die Planeten;
4. Nakshatras oder die Sternbilder;
5. Târâs oder die Heerscharen der Sterne.

Und IV. Die Vaimânika-Götter gehören zwei Klassen an: (1) den Kalpabhavas, die in den himmlischen Kalpas geboren werden; und (2) die Kalpâtîtas, geboren in den Regionen oberhalb der Kalpas.

(1) Die Kalpabhavas sind wiederum in zwölf Gattungen unterteilt, die in den Kalpas leben, nach denen sie benannt sind; nämlich,--

1. Saudharma;
2. Îsâna;3. Sanatkumâra;4. Mâhendra;5. Brahmaloka;6. Lântaka;7. Śukra
oder Mahâśukla;8. Sahasrâra;9. Ânata (Â *n* aya);
10. Prâ *n* ata (Pâ *n* aya);
11. Âra *n* a;
12. Achyuta.

(2) Die Kalpâtîtas sind unterteilt in: (a) die Graiveyakas, die im oberen Teil
des Universums leben; und (b) die Anuttaras oder diejenigen, über denen es
keine anderen gibt.

(a) Die Graiveyakas gehören zu neun Arten, nämlich--

1. Sudarsa *n* as;
2. Supratipandhas;3. Manoramas ;
_ 4. Sarvabhadras;5. Suviśâlas;6. Soma *n* asas;
7. Sumam[postvokalische] Kasas;8. Prîyam[postvokalisch] karas;9. Âdityas
oder Nandikaras.

(b) Die Anuttara-Götter gehören fünf Ordnungen an: nämlich--

1. Vijayas;
2. Vaijayantas;3. Jayantas;4. Aparâjitas; und5. Sarvârthasiddhas.

[6]

Diese Anuttara-Götter bewohnen die höchsten Himmel, wo sie
unterschiedlich lange leben, während die Himmel aufsteigen. und im fünften
oder höchsten – dem großen Vimâna namens Sarvârthasiddha – leben sie
alle dreiunddreißig Sâgaropamas oder Perioden von unvorstellbarer Dauer.
Dennoch sind alle Götter sterblich oder gehören der *sam[postvokalischen] sâra
an* .

Darüber liegt das Paradies der Siddhas oder vollkommenen Seelen, und das
Uttarâdhyana Sûtra gibt die folgenden Einzelheiten dieses Reiches der
Vollkommenen oder des Paradieses der Jainas:--[7]

„Die vollkommenen Seelen sind die von Frauen, Männern, Hermaphroditen,
von Orthodoxen, Andersgläubigen und Hausbesitzern. Vollkommenheit
wird von Menschen der größten, kleinsten und mittleren Größe erreicht; [8
] auf hoch gelegenen Orten, unter der Erde, auf der Erdoberfläche , im
Ozean und in Gewässern (von Flüssen usw.).

„Zehn Hermaphroditen erreichen gleichzeitig die Vollkommenheit, zwanzig
Frauen, einhundertacht Männer, vier Haushälter, zehn heterodoxe und
einhundertacht orthodoxe Mönche.

„Zwei Individuen der größten Größe erreichen (gleichzeitig) die
Vollkommenheit, vier der kleinsten und einhundertacht der mittleren Größe.

Vier Individuen erreichen (gleichzeitig) die Vollkommenheit an hochgelegenen Orten, zwei im Meer, drei im Wasser, zwanzig." im Untergrund; und wohin gehen sie, um die Vollkommenheit zu erreichen? Vollkommene Seelen sind von der Nichtwelt (Aloka) ausgeschlossen; sie wohnen oben auf der Welt; sie lassen ihre Körper hier (unten) zurück und gehen dorthin, wenn sie die Vollkommenheit erreichen.

„Zwölf *Yojanas* über dem (Vimâna) Sarvârtha befindet sich der Ort namens Îshatpragbhâra, der die Form eines Regenschirms hat; (dort gehen die vervollkommneten Seelen hin). Er ist 4500.000 Yojanas lang *und* ebenso viele breit, und er ist etwas größer mehr als dreimal so viele im Umfang. Seine Dicke beträgt acht *Yojanas* , er ist in der Mitte am größten und nimmt zum Rand hin ab, bis er dünner als der Flügel einer Fliege ist. Dieser Ort ist von Natur aus rein und besteht aus weißem Gold , ähnelt in seiner Form einem offenen Regenschirm, wie die besten Jinas gesagt haben.

„(Darüber) ist ein reiner gesegneter Ort (genannt Śîtâ), der weiß ist wie eine Muschelschale, der *Anka* -Stein und Kunda-Blumen; [9] ein *Yojana* von dort ist das Ende der Welt. Die vollendeten Seelen dringen Sie in den sechsten Teil des obersten *Krośa* des (oben erwähnten) *Yojana* ein. Dort, an der Spitze der Welt, wohnen die gesegneten, vollkommenen Seelen, frei von jeglicher Seelenwanderung, und haben den hervorragenden Zustand der Vollkommenheit erreicht. Die Dimension eines Vollkommenen Die Körpergröße der Seele beträgt zwei Drittel der Größe, die das Individuum in seiner letzten Existenz hatte.

„Die vollendeten Seelen einzeln betrachtet – als Individuen – haben einen Anfang, aber kein Ende, kollektiv betrachtet – als Klasse – haben sie weder einen Anfang noch ein Ende. Sie haben kein (sichtbares).) Form, sie bestehen durchgehend aus Leben, sie haben sich zu Wissen und Glauben entwickelt, sie haben die Grenze des Sam[postvokalischen] sâra überschritten und den hervorragenden Zustand der Vollkommenheit erreicht."

———◆◇◆———

Wie sowohl die Brâhma *ns* als auch die Buddhisten haben die Jainas eine Reihe von Höllen – Nârakas, die selbst die von ihnen benannten zählen –

1. Ratnaprabhâ;
2. Śarkaraprabhâ;3. Vâlukâprabhâ;4. Pam[postvokalisch] kaprabhâ;5. Dhûmaprabhâ;6. Tamaprabhâ;7. Tamatamaprabhâ.[10]

Diejenigen, die in der siebten Hölle leben, haben eine Größe von 500 Stangen, und in jedem darüber sind sie halb so hoch wie in dem darunter liegenden.

Alles im System, was die Statur von Göttern und Lebewesen, ihr Alter und die Zeiträume der Seelenwanderung betrifft, wird auf künstliche Zahlen reduziert.

Die Jaina Gachhas.

Um die Mitte des zehnten Jahrhunderts blühte ein Jaina-Hohepriester namens Uddyotana auf, mit dessen Schülern die vierundachtzig Gachhas entstanden. Von dieser Zahl sprechen die Jainas immer noch, aber die bisher veröffentlichten Listen sind sehr widersprüchlich. Das Folgende wurde von einem Mitglied der Sekte als ihre anerkannte Liste erhalten, und unter Berücksichtigung unterschiedlicher Schreibweisen kann fast jeder Name in den zuvor von Herrn HG Briggs oder Colonel Miles veröffentlichten Namen wiedererkannt werden.

Die vierundachtzig Gachchhas der Jainas. [11]

1. ? *†
2. Osvâla*†3. Âm[postvocalic] chala*4. Jirâvalâ*†5. Kha d atara oder Kharatara
6. Lonkâ oder Richmati*†7. Tapâ*†
8. Gam[postvokalisch] geśvara*†
9. Kora nt avâla†
10. Ânandapura†11. Bharavalî12. U d havîyâ*†
13. Gudâvâ*†14. Dekâüpâ oder Dekâwâ*†15. Bh nmâlâ†16. Mahu d îyâ*†
17. Gachhapâla*†18. Goshavâla†19. Magatragagadâ†20. Vr ihmânîyâ†21. Tâlârâ*†

22. Vîka d îyâ*†
23. Muñjhîyâ*†24. Chitro d â†
25. Sâchorâ*†26. Jacha nd îyâ†
27. Sîdhâlavâ*†28. Mîyâ nn îyâ
29. Âgamîyâ†30. Maladhârî*†31. Bhâvarîyâ†32. Palîvâla*†
33. Nâgadîgeśvara†
34. Dharmaghosha†35. Nâgapurâ*†36. Uchatavâla†37. Nâ nn âvâla*†
38. Sâ d erâ*†
39. Ma nd ovarâ*†
40. Śurâ n î*†
41. Kham[postvokalisch] bhâvatî*†42. Pâëcham[postvokalisch] da

43. Sopârîyâ*†
44. Mâ nd alîyâ*†
45. Kochhîpanâ*†46. Jâgam[postvokalisch] na*†47. Lâparavâla*†48. Vosara d â*†
49. Düîvam[postvokalisch] danîyâ*†
50. Chitrâvâla*†
51. Vega d â
52. Vâpa d â
53. Vîjaharâ, Vîjharâ*†54. Kâüpurî†55. Kâchala56. Ham[postvokalisch] dalîyâ†57. Mahukarâ†58. Putaliyâ*†59. Kam[postvokalisch] narîsey†60. Revar d 1yâ*†
61. Dhandhukâ†62. Tham[postvokalisch] bhanîpa n â*
63.

64. Pâla n purâ*
65. Gam[postvokalisch] dhârîyâ*†66. Velîyâ†67. Sâ d hapunamîyâ
68. Nagarako t îyâ*†
69. Hâsorâ*†70. Bha t anerâ*†
71. Ja n aharâ*†
72. Jagâyana*73. Bhîmasena*†74. Taka d îyâ†
75. Kam[postvocalic] boja*†76. Senatâ†77. Vagherâ*†78. Vahe d îyâ*
79. Siddhapura*†80. Ghogharî*†81. Nîgamîyâ82. Punamîyâ83. Varha dîyâ †
84. Nâmîlâ.†

Pam[postvokalisch]
chîvâla†

- 49 -

Skizze der Jaina-Mythologie

FUSSNOTEN

Fußnote 1 : Siehe *Ratnasâgara* , bh. II, S. 696–705.

Fußnote 2 : *Cave Temples* , S. 491, 496; *Bogen. Sur. Westn. Indien* , Bd. Ich, S. 25 und pl. xxxvii; Bd. V, S. 49; *Transaktionen, R. As. Soc.* , Bd. Ich, S. 435. In Rânpur in Godwâr, im Tempel von Rishabhanâtha, befindet sich eine fein geschnitzte Platte, die Pârśvanâtha in der Kâyotsarga-Position darstellt, begleitet von Schlangengottheiten,-- *Archit. und Landschaft in Gujarât und Râjputâna* , S. 21. Die Geschichte hat Varianten: conf. *Ind. Ameise* . Bd. XXX, S. 302.

Fußnote 3 : Die Digambara beschreiben die Farben des siebten und einundzwanzigsten Jinas als *Marakada* oder Smaragdfarbe.

Fußnote 4 : Für einen Bericht über das Ritual der Svetâmbara-Sekte der Jainas siehe meinen Bericht im *Indian Antiquary* , Bd. XIII, S. 191–196.

Fußnote 5 : *Jour. Asiat* . IXme Ser. tom. XIX, S. 260.

Fußnote 6 : Conf. *Ratnasâgara* , bh. II, S. 616, 617; *Jour. Asiat.* IXme Ser. Band XIX, S. 259; *Sack. Bks. E.* _ Bd. XLV, S. 226 f. Siehe auch *Rev. de l'Histoire des Relig* . tom. XLVII, S. 34–50, das seit der Veröffentlichung des oben Gesagten erschienen ist, für „La doctrine des êtres vivants dans la Religion Jaina".

Fußnote 7 : Siehe *Ante* , S. 11, Anmerkung 10; Der folgende Auszug stammt aus *Sac. Bücher des Ostens* , Bd. XLV, S. 211-213.

Fußnote 8 : Die größte Größe – *ogâhan â* – der Menschen beträgt 500 Dhanush oder 2000 Ellen, die kleinste ist eine Elle.

Fußnote 9 : Der Kürbis Lagenaria vulgaris.

Fußnote 10 : *Ratnasâgara* , bh. II, S. 607; *Jour. Als* . USP 263.

Fußnote 11 : Die mit * gekennzeichneten Namen finden sich in der Liste *Tr von Col. Miles. RAS* vol. III, S. 358 f. 363, 365, 370. Die mit † gekennzeichneten sind in der Liste von HG Brigg enthalten, – *Cities of Gujarashtra* , S. 339.